Silvia Klumpf

Kunstunterricht im Jahreskreis

Mit 30 Unterrichtseinheiten durch das 1. Schuljahr

Auer

Wenn in diesem Buch vom Schüler gesprochen wird, ist auch immer die Schülerin gemeint. Ebenso verhält es sich mit Lehrer und Lehrerin.

Literatur:

Baumgarten, Fritz: Teddys Weihnachten. Titania Verlag, Stuttgart 1986

Bollenhagen, Britta: Gestalten für das Fenster. Feinmotorik trainieren und Techniken kennenlernen. 1./2. Klasse. 2. Auflage, Auer Verlag, Donauwörth 2013

Lionni, Leo: Das kleine Blau und das kleine Gelb, Verlag Friedrich Oetinger, Hamburg 1962

Müller, Denise: Gestalten für das Fenster. Feinmotorik trainieren und Techniken kennenlernen. 3./4. Klasse. 1. Auflage, Auer Verlag, Augsburg 2015

Rivers and Tides. Andy Goldsworthy working with time. Ein Film von Thomas Riedelheimer. Filmproduktion von ARTE und WDR. Absolut Medien

Wintgen, Suse: Der Herbst. Gefunden auf: www.gedichtsuche.de/gedicht/items/Der Herbst-Wintgen, Suse.html

Gedruckt auf umweltbewusst gefertigtem, chlorfrei gebleichtem
und alterungsbeständigem Papier.

1. Auflage 2015
Nach den seit 2006 amtlich gültigen Regelungen der Rechtschreibung

Illustrationen und Fotos: Silvia Klumpf
Satz: Fotosatz H. Buck, Kumhausen
Druck und Bindung: Kessler Druck + Medien GmbH, Bobingen
ISBN 978-3-403-**07667**-4

www.auer-verlag.de

Inhalt

Vorwort

Liebe Kolleginnen und Kollegen!

Jedes Jahr aufs Neue sind die Sommerferien die Zeit, in der das neue Schuljahr geplant wird. In vielen Fächern wird dabei eine jahreszeitliche Orientierung der Themen angestrebt. Für die Unterrichtenden im Fach Kunst bedeutet das, dass entsprechend der Bildungspläne neben unterschiedlichen Themen, die möglichst an die Jahreszeiten angepasst werden, auch verschiedenste Materialien und Techniken sowie Werke von Künstlern ins Schuljahr integriert werden sollen. Überdies sollen die Kunstwerke attraktiv sein, etwas hermachen, mit einem guten Lerneffekt für die Schüler. Dies alles stellt eine Herausforderung dar, die man als „Quadratur des Kreises" bezeichnen könnte.

Der vorliegende Band möchte diese Herausforderung mit vielen anregenden Ideen angehen und verbindet deshalb in jedem Monat jahreszeitliche Themen mit verschiedenen Materialien und Techniken, bietet darüber hinaus noch einen Wechsel von Einzel-, Partner- und Gruppenarbeiten sowie Hinweise zur Differenzierung. Letztlich soll der Band Ihr Begleiter für das gesamte Schuljahr hindurch werden.

Sicherlich war es schon immer ein Zeichen qualitativen Kunstunterrichts, dass *alle* Schüler ästhetische Erfahrungen und Erfolgserlebnisse sammeln konnten. Doch gerade vor dem Hintergrund der Inklusion wird es auch im Kunstunterricht immer zentraler, bereits bei der Planung der Unterrichtseinheiten die verschiedenen Schülertypen, Fähigkeiten und Interessen der Kinder zu berücksichtigen. Auch hierfür soll sensibel unterschieden werden und Ihnen, liebe Lehrkräfte, schnell und unkompliziert Unterstützung gegeben werden.

Dieser Band soll besonders auch fachfremd Unterrichtende motivieren, jahreszeitliches Gestalten im Kunstunterricht beherzt umzusetzen, mit dem guten Gefühl, allen Anforderungen gerecht zu werden.

So hoffe ich, Ihnen mit diesem Buch etwas mehr wertvolle Erholungszeit in den Ferien schenken und Ihnen und Ihrer Klasse schöne Momente im Kunstunterricht ermöglichen zu können.

Viel Freude wünsche ich Ihnen und Ihren Schülern –

Ihre Silvia Klumpf

Zur Konzeption des Buches

Jeder Unterrichtsentwurf ist so aufgebaut, dass zunächst **Kompetenzen**, die in dieser Einheit erreicht werden sollen, sowie die benötigten Materialien aufgelistet sind.
Danach folgt eine detaillierte Beschreibung der **Vorgehensweise**.
Die Vorschläge zum jeweiligen **Stundeneinstieg** sind natürlich optional und können jederzeit variiert werden. Um das Gelingen der einzelnen Themen zu sichern, ist es jedoch sinnvoll, die Phase der **Exploration** vor die **Gestaltungsphase** zu stellen. So erhalten die Kinder zum einen die Möglichkeit, beispielsweise eine neue **Technik** auszuprobieren, zum anderen erlangen sie Sicherheit im Umgang mit der Aufgabenstellung.

Die darauf folgenden Hinweise zur **Differenzierung** eröffnen weitere Gestaltungsmöglichkeiten für schnelle Schüler, aber auch für Kinder, die zusätzliche Hilfestellung zur Bewältigung der Aufgabe benötigen.

Abgerundet wird jeder Entwurf durch ein Angebot an **Tipps** und/oder **Alternativen**. Bei einigen Themen runden Kopiervorlagen das Thema ab.

Der **Schwierigkeitsgrad** jeder Unterrichtseinheit wird durch das Symbol Pinsel angegeben:

Ein Pinsel stellt eine einfache Aufgabe dar, zwei Pinsel deuten eine erhöhte Anforderung an die Schüler an.
In diesem Zusammenhang sei darauf hingewiesen, dass sich etwas anspruchsvollere Themen gerade auch in jahrgangskombinierten Klassen sehr gut einsetzen lassen, da die älteren Schüler die jüngeren unterstützen können.

Bücher zur Fenstergestaltung gibt es viele (z. B. Britta Bollenhagen: Gestalten für das Fenster 1./2. Klasse Bestell-Nr. 06847 oder 3./4. Klasse Bestell-Nr. 07024), deshalb liegt der Schwerpunkt dieses Bandes auf der Gestaltung von Bildern und Objekten. Natürlich gibt es aber durchaus auch mal einen Unterrichtsvorschlag oder Tipps zur Gestaltung der Fenster.

Auf den nächsten Seiten finden Sie einen **Jahresplan**, in dem die einzelnen Monate und Themen sowie die dazugehörigen Techniken übersichtlich aufgelistet sind. In die Blankospalte können die entsprechenden Lehrplan- bzw. Bildungsplan-Verweise eingetragen werden.
Das Buch startet mit dem Monat September, was mir alle Kolleginnen und Kollegen verzeihen mögen, die in Bundesländern arbeiten, in denen das Schuljahr bereits im August beginnt.

Am Schluss des Buches befindet sich ein **Blanko-Künstlersteckbrief**, auf den bei den entsprechenden Themen verwiesen wird. Dieser Steckbrief kann gemeinsam mit den Schülern ausgefüllt und neben den Werken der Kinder ausgestellt werden.

Jahresplan

	Thema	Technik	Schwierigkeit	Zeit (in Stunden)	Lehrplan/ Bildungsplan

Herbst

	Thema	Technik	Schwierigkeit	Zeit (in Stunden)	Lehrplan/ Bildungsplan
September 	Meine Schultüte	Farbiges Gestalten mit Buntstiften, Schneiden und Kleben	🖌🖌	1–2	
	Tanz der Farben	Farbiges Gestalten mit Wasserfarben, Mischen von Sekundärfarben	🖌	1–2	
	Freche Früchte hüpfen in den Erntekorb	Grafisches + Farbiges Gestalten mit Buntstiften, Pappflächendruck, Bildbetrachtung	🖌	2	
Oktober 	Natur als Künstlerin	Sammeln und Ordnen von Naturfundstücken, Bildbetrachtung	🖌	2	
	Eulen im Wald	Sammeln und Pressen von Herbstblättern, Grafisches und Farbiges Gestalten mit Wachsmalkreiden, Materialcollage	🖌🖌	2	
	Herbst im Quadrat	Collagieren, Grundieren mit Wachsmalkreiden, Schneiden und Kleben	🖌	1–2	
November 	Schnelle Herbstdeko	Sammeln und Ordnen von Naturfundstücken, Materialcollage	🖌	1	
	Lichterzeit im November	Sgrafittotechnik	🖌	1–2	
	Herbstwald	Materialcollage, Schneiden und Kleben	🖌🖌	2	

Winter

	Thema	Technik	Schwierigkeit	Zeit (in Stunden)	Lehrplan/ Bildungsplan
Dezember 	Weihnachtsdorf – Adventskalender	Farbiges und Räumliches Gestalten mit Wasserfarben, Schneiden und Kleben		2	
	Ein besonderer Weihnachtsbaum	Räumliches Gestalten, Biegen von Chenilledraht, Umwickeln mit Wolle, Schneiden		1	
	Glitzernde Weihnachtskarten	Korkstempeldruck, Reserviertechnik „Malen" mit Flüssigkleber		2	
Januar 	Abstrakte Winterlandschaft	Farbiges Gestalten mit Wasserfarben und Buntstiften, Bildbetrachtung		2	
	Wackelschneemänner	Falten, Schneiden und Kleben		1	
	Bezaubernde Winterpracht	Fotografieren, Zeichnen	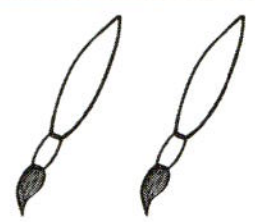	2	
Februar 	Spaß im Schnee	Farbiges Gestalten mit Kleisterfarbe		1	
	Leuchtende Faschingsmasken	Abklatschtechnik, Schneiden und Kleben		1	

Frühling

	Thema	Technik	Schwierigkeit	Zeit (in Stunden)	Lehrplan/ Bildungsplan
März 	Frühlingserwachen	Farbiges Gestalten mit Zuckerkreiden, Bildbetrachtung		2	
	Ostereier XXL	Räumliches Gestalten mit Pappmaché, Farbiges Gestalten mit Wasserfarben		2	
	Bunte Murmel-Ostereier	Murmeltechnik, Schneiden und Kleben		2	
April 	Frische Blumen – fix gemacht	Schneiden und Kleben		1	
	Riesenrad beim Frühlingsfest	Farbiges Gestalten mit Wasserfarben und Tapete	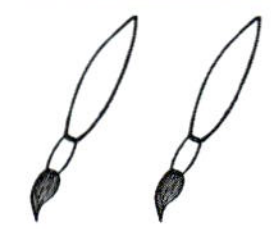	2	
Mai 	Perlende Muttertags-karte	Reserviertechnik, Formen von Draht	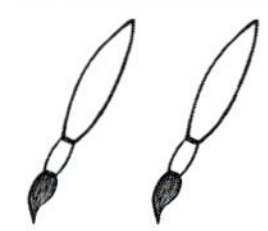	1–2	
	Filigrane Schmetterlinge am Blütenzweig	Farbiges Gestalten mit Wasserfarben und Buntstiften		2	

Sommer

	Thema	Technik	Schwierigkeit	Zeit (in Stunden)	Lehrplan/ Bildungsplan
Juni 	Klatschmohn-Blüten	Farbiges Gestalten mit Wasserfarben, Schneiden und Kleben, Bildbetrachtung		2	
	Erdbeeren im Dreiklang	Fotografieren, Farbiges Gestalten mit Wasserfarben		2	
Juli 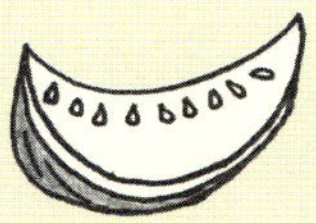	Burg und Sonne	Farbiges Gestalten mit Wachsmalkreide, Schneiden und Kleben, Papiercollage aus geometrischen Formen, Bildbetrachtung		3	
	Urlaubserlebnisse am Meer & anderswo	Salztechnik, Pappflächendruck, Schneiden		2–3	
August 	Sommerliches Klangspiel	Materialcollage, Sammeln von Strandgut, Gestalten mit Acrylfarbe, Upcycling		2	
	Lustige Wasserbälle	Finger- und Handflächendruck, Schneiden und Kleben, Upcycling		2	

Meine Schultüte

1–2 Unterrichtsstunden – Partnerarbeit – Farbiges Gestalten

Kompetenzen

Die Schüler
- können das Äußere bzw. Innere ihrer eigenen Schultüte farblich und zeichnerisch nachempfinden.
- differenzieren ihre Feinmotorik aus, indem sie sich im Schneiden und Kleben üben.

Material

- Kopiervorlage, Innen- und Außenteil (je in halber Klassenstärke kopiert)
- Buntstifte
- Krepppapier in versch. Farben, je ca. 30 x 20 cm groß (von der Lehrkraft vorbereitet)
- Geschenkband
- 1 Beispielexemplar (NICHT gestaltet)

Einstieg

Unterrichtsgespräch zum Thema „Mein 1. Schultag“ und „Meine Schultüte“

Vorbereitung der Gestaltung

- Einteilung der Partnergruppen (nach Neigung oder nach Fähigkeit, siehe unten unter Stichwort Differenzierung)
- Besprechen der Vorgehensweise an einem **weißen** Beispielexemplar; einzelne Arbeitsschritte an Tafel aufzeichnen bzw. als Einzelelemente aufhängen (s. Skizze).

Gestaltungsphase

- Jede Partnergruppe gestaltet eine Schultüte, ein Partner gestaltet das Äußere der Tüte, der andere Partner das Innere.
- Zunächst bemalt also jedes Kind mit Buntstiften einen Teil der Schultüte so, wie seine eigene Schultüte in etwa aussah bzw. befüllt war.
- Anschließend werden beide Teile ausgeschnitten. Beim äußeren Teil wird zusätzlich ein Schnitt entlang der gestrichelten Linie in der Mitte angefertigt. (Achtung: Die Schultüte darf dabei nicht ganz auseinandergeschnitten werden, sondern nur bis zur Markierung.)
- Nun wird das innere Teil entlang des rechten und linken Randes mit Kleber eingestrichen, auf die Klebemarkierung wird das Äußere aufgeklebt und die beiden Seiten des Außenteils werden aufgeklappt. Beim Kleben sollten Sie darauf achten, dass die beiden Tütenspitzen genau aufeinanderliegen.
- Zuletzt wird ein Stück Krepppapier am oberen Kleberand aufgeklebt (seitlich überstehendes Papier nach hinten umschlagen und festkleben), zusammengerafft und mit einem Stück Geschenkband zusammengebunden.

Differenzierung

Schnelle Schüler können noch die Rückseite des Außenteils, die durch das Aufklappen sichtbar wird, farbig gestalten. Bei der Einteilung der Schüler kann evtl. darauf geachtet werden, dass gute Zeichner eher das Innere der Schultüte gestalten, da dies etwas schwieriger ist.

Tipps/Alternativen

Dieses Thema kann auch gut am Ende der 1. Klasse durchgeführt werden. Zum einen dient es dann als Wiederholung, zum anderen können die entstandenen Schultüten zur Begrüßung der neuen Erstklässler aufgehängt werden und sind für die Neulinge ein schöner Willkommensgruß.

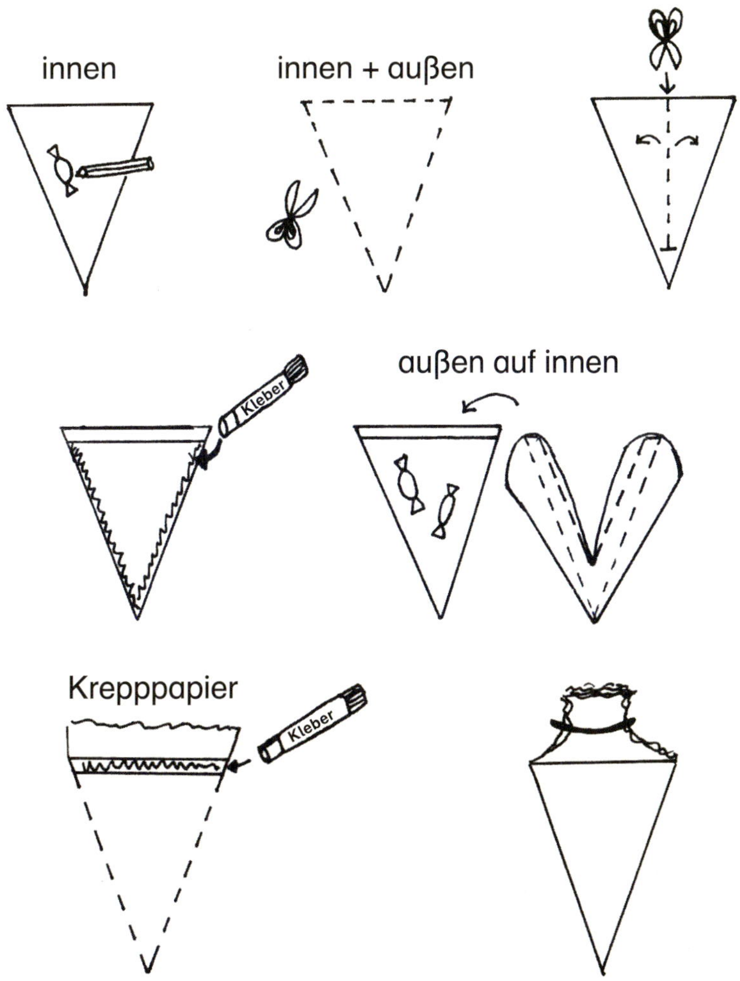

Innenteil

Außenteil

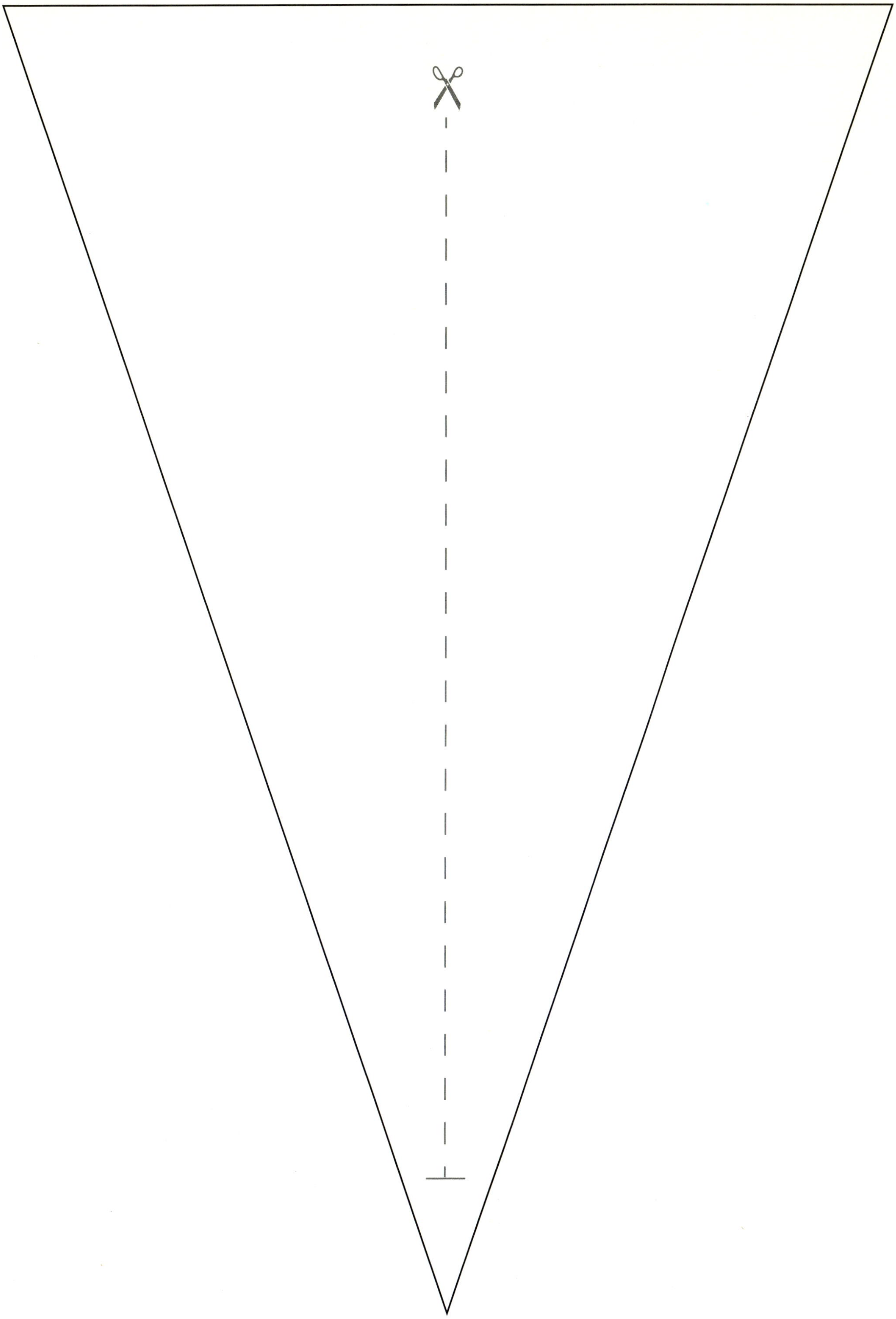

Tanz der Farben

1–2 Unterrichtsstunden – Einzelarbeit – Farbiges Gestalten

Kompetenzen

Die Schüler
- kennen die Fachausdrücke „Primärfarben“ und „Sekundärfarben“ und können diese benennen.
- können Wasserfarben anrühren und deckend auftragen.
- erlernen das Mischen von Sekundärfarben.

Material

- Leo Lionni: Das kleine Blau und das kleine Gelb
- DIN-A4-Papier (Malblock)
- Wasserfarben
- Borstenpinsel (mittlere Breite)
- großes Lineal und Bleistift bzw. Kopiervorlage
- Wortkarten und Farbkarten (s. Vorbereitung der Gestaltung)

Primärfarben

Sekundärfarben

Einstieg

Im Kinositz Leo Lionnis Buch vorlesen, Kinder äußern sich frei dazu. Besprechen, was mit Blau und Gelb in der Geschichte passiert ist. Daraus **Zielangabe** der Stunde ableiten: Wir malen mit Wasserfarben und üben das Mischen von Farben.

Vorbereitung der Gestaltung

Stehkreis, Tisch in der Mitte. Einzelne Kinder zeigen den richtigen Umgang mit Wasserfarben: Pinsel anfeuchten, Farbe so lange anrühren, bis Bläschen erscheinen. Farbe mit Pinsel auf das Blatt auftragen, nicht zu nass, aber auch nicht zu trocken (Kinder und Lehrer korrigieren bzw. ergänzen).

Stehhalbkreis, Aufgreifen der Farben aus der Geschichte, Anbringen von Farbkarten (zunächst Primärfarben) an der Tafel plus Wortkarte *Primärfarben*, Kinder nennen Mischfarben, hängen Farbkarten dazu. Lehrer hängt Wortkarte *Sekundärfarben* dazu. Besprechen, welche Materialien gebraucht werden (evtl. passende Bildkarten an TA anbringen).
Abdecken des Platzes mit geeigneten Unterlagen und Bereitlegen der Materialien.
Kurzes Erläutern der Arbeitsschritte:

Gestaltungsphase

Anfangs teilt jedes Kind sein DIN-A4-Blatt in 6 Dreiecke auf, indem zunächst die Ecken diagonal miteinander verbunden werden und schließlich durch den Mittelpunkt eine Linie von links nach rechts gezogen wird. (Vorheriges Falten erleichtert das Ziehen der Mittellinie.)

Nun werden die so entstandenen Dreiecke entsprechend des Farbkreises mit Wasserfarben deckend bemalt. Es ist sinnvoll, mit den Grundfarben zu beginnen und zwischen den Farben den Pinsel gut auszuwaschen bzw. zu wechseln. Beim Auftragen der Sekundärfarben sollte unbedingt auf das **Mischen** derselben bestanden werden!

Betrachtungsphase

Im Stehkreis werden einzelne Bilder betrachtet. Dabei darf jeder seine Meinung besonders zum Farbauftrag äußern **und** begründen.

Differenzierung

Starke Schüler ziehen die Linien selbst. Für schwächere Kinder sollte die Aufteilung als Kopiervorlage zur Verfügung gestellt werden. Eventuell kann noch weiter differenziert werden, indem man nur 3 Segmente für die Primärfarben vorgibt, sodass vor allem der richtige Umgang mit Wasserfarben geübt werden kann.
Um Zeit zu sparen, kann man für alle Kinder die Kopiervorlage kopieren.

Tipps/Alternativen

Der so entstandene Hintergrund kann für einen Geburtstagskalender genutzt werden. Dazu wird ein Handabdruck jedes Kindes auf schwarzes Tonpapier mit Bleistift aufgezeichnet, ausgeschnitten und schließlich auf den Farbkreis-Hintergrund geklebt.
Noch persönlicher wird der Geburtstagskalender natürlich mit dem Schattenprofil der Kinder. Dazu das Profil mithilfe des OHP zunächst auf weißes Papier aufzeichnen, dieses dann ausschneiden, auf schwarzes Papier kleben und wieder ausschneiden. Dafür sollte bzw. muss der Hintergrund jedoch auf DIN-A3-Papier gemalt sein.

Beispiel mit Schattenprofil

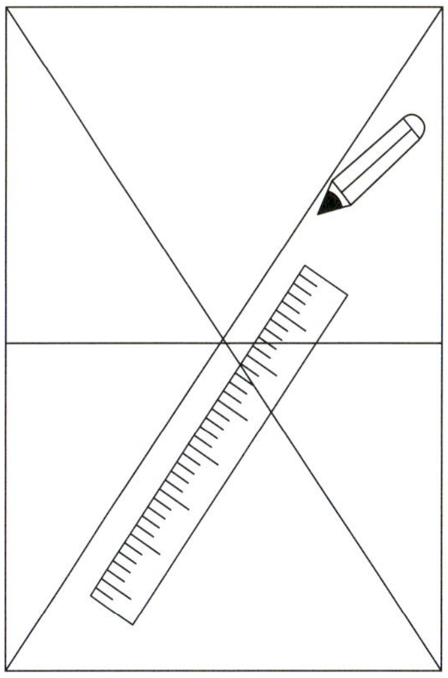

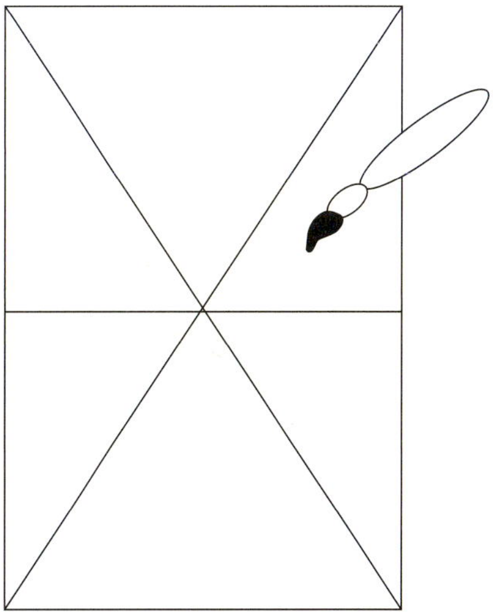

Freche Früchte hüpfen in den Erntekorb

2 Unterrichtsstunden – Einzel-/Gemeinschaftsarbeit – Grafisches Gestalten/Drucken

Kompetenzen

Die Schüler
- können verschiedene Obst- und Gemüsesorten benennen und zeichnen.
- lernen die Kunst James Rizzis in Ausschnitten kennen und gestalten ihre Obst- und Gemüsezeichnungen in ähnlicher Art und Weise.

Material

- DIN-A5-Papier, weiß, 1x pro Schüler
- Buntstifte
- schwarze Filzstifte
- Schere
- Kleber
- 1 großer heller Tonkarton (mind. DIN A2)
- Wasserfarben
- Borstenpinsel, schmal
- rechteckige Kartonteile, etwa 2 x 6 cm

Einstieg

Unterrichtsgespräch über Obst und Gemüse (z. B. in Anlehnung an den Sachunterricht oder an das Erntedankfest);
Sammlung an der Tafel (nach Farben sortiert, möglichst auf verschiedene Farben bereits hier achten) und Aufschreiben auf kleine Zettel (für das spätere Losverfahren).

Vorbereitung der Gestaltung

- Die Lehrkraft nennt das Stundenthema und lässt die Schüler überlegen, wie Obst und Gemüse frech und/oder witzig aussehen könnten.
- Lehrer stellt kurz einige Bilder James Rizzis als Anregung bzw. Vertiefung vor. Im Unterrichtsgespräch sollte jetzt noch geklärt werden, wie man Obst und Gemüse möglichst realistisch zeichnen kann. Dazu können einzelne Schüler an der Tafel „Kostproben“ geben, der Lehrer ergänzt und verbessert, wenn nötig.

Gestaltungsphase

- Jeder Schüler zieht wie beim Losverfahren einen Zettel, liest diesen mithilfe des Lehrers und zeichnet die Umrisse der darauf benannten Frucht zunächst mit Bleistift möglichst realistisch auf ein DIN-A5-Papier.

- Nun wird das Gesicht im Stile Rizzis gestaltet. Danach wird die Zeichnung mit Buntstiften kräftig ausgemalt.

- Als Nächstes werden alle Farbflächen mit schwarzem Filzstift umfahren, um sie deutlich voneinander abzugrenzen und um sie stärker strahlen zu lassen.

- Jetzt wird die Zeichnung ausgeschnitten.

Zum Schluss klebt jeder seine Frucht auf den oberen Bereich des Tonkartons über den darauf gedruckten Erntekorb (siehe Differenzierung) und zeichnet wie bei einem Strichmännchen Arme und Beine dazu.

Differenzierung

Schnelle Schüler drucken mit einer rechteckigen Kartonschablone auf einem großen Tonkarton einen Erntekorb mit Wasserfarben in Brauntönen.
Für diese Aufgabe reichen zwei Schüler, da mehr Kinder sich nur im Weg sind beim Drucken. Falls weitere Schüler schnell fertig sind, können sie eine weitere Frucht zeichnen.
Natürlich kann der Erntekorb auch aus Tonpapier ausgeschnitten und aufgeklebt werden, was schneller und einfacher ist, da nicht extra Wasserfarben bereitgestellt werden müssen.

Für Kinder, die beim Zeichnen Schwierigkeiten haben, sollte man einige Früchte entweder real dabei haben (die dann natürlich auch am Ende der Stunde gemeinsam gegessen werden können) oder diese als Fotos an die Tafel hängen.

Vertiefend kann der Künstlersteckbrief (s. Anhang) für James Rizzi in einer Folgestunde (oder auch in der Deutschstunde) ausgefüllt und neben dem entstandenen Gemeinschaftswerk präsentiert werden.

Natur als Künstlerin

2 Unterrichtsstunden – Gemeinschaftsarbeit – Sammeln/ Ordnen/Fotografieren

Kompetenzen

Die Schüler
- differenzieren ihre Wahrnehmung durch genaues Betrachten der Natur.
- werden sensibilisiert für Farben und Formen und deren ästhetische Wirkungen.
- sammeln, ordnen und gestalten Gegenstände aus der Natur nach individuellen ästhetischen Maßstäben.

Vorbemerkung

Dieses Thema bietet sich besonders für einen Waldtag (z. B. in Verbindung mit dem Förster und dem Sachunterricht) oder an einem Wandertag an, da an einem Vormittag einfach mehr Zeit zur Verfügung steht und die Kinder die Materialien auch vor Ort in der Natur selbst sammeln können. Natürlich kann man das Thema auch im Rahmen des regulären Kunstunterrichts durchführen. Allerdings muss dann das Material vorher gesammelt werden (vom Lehrer und/oder als vorbereitende Hausaufgabe von den Schülern). Außerdem sollte ein geeigneter Platz im Schulumfeld vorhanden sein.

Material

- bunte Herbstblätter
- Zapfen, Holzstücke, Steine, Kastanien, Nüsse etc.
- Fotoapparat

Einstieg

Fantasiereise zum Thema Herbstwald (s. S. 21) oder Veränderungen in der Natur im Herbst thematisieren.

Vorbereitende Betrachtung

Betrachtung einzelner Werke von Andy Goldsworthy (Folie und OHP), z. B. „Rowan Leaves" (Element Kreis) oder „Autumn Cherry Leaves" (Element Linie).
Thematisieren der wichtigen Formen *Spirale, Linie, Kreis* in Goldsworthys Schaffen.
Eventuell den Film „Rivers and Tides" über Andy Goldsworthy in Ausschnitten anschauen.

Vorbereitung der Gestaltung

Einteilen der Gruppen und Besprechen der Arbeitsschritte mithilfe der Auftragskarte (s. Kopiervorlage).

Gestaltungsphase

Die eingeteilten Gruppen haben zunächst eine bestimmte Zeit zur Verfügung, in der sie Material für ihr Kunstwerk sammeln können (mindestens 15 Minuten).
Wichtig ist dabei, möglichst viel gleiches Material zu sammeln, um eine bessere Wirkung zu erzielen.

Im Anschluss entscheiden sie sich für eine der im Klassenzimmer thematisierten Formen (Spirale, Linie, Kreis) und legen bzw. gestalten ihr Kunstwerk.

Betrachtungsphase

Nun werden nacheinander alle entstandenen Kunstwerke gemeinsam betrachtet und kritisch gewürdigt. Außerdem werden sie (spätestens jetzt) von den Kindern fotografiert. Die Fotos können im Klassenzimmer oder in der Schule ausgestellt werden.

Differenzierung

Schnelle Gruppen können ein weiteres Kunstwerk legen bzw. fotografieren ihr entstandenes Werk selbst aus verschiedenen Blickwinkeln.

Tipps/Alternativen

Wenn das Thema im Klassenzimmer durchgeführt wird, kann ein Tablett oder ein großer Kartondeckel sehr gut zum Legen der Materialien benutzt werden. Dadurch haben die Schüler eine Begrenzung und die Materialien rollen bzw. rutschen beim Legen nicht so leicht weg.
Im Anschluss kann der Künstlersteckbrief (s. Anhang) gemeinsam ausgefüllt werden.

Foto eines im Wald gelegten Kunstwerks

Foto eines im Klassenzimmer gelegten Kunstwerks

Auftragskarte

NATUR ALS KÜNSTLERIN

– Sammeln

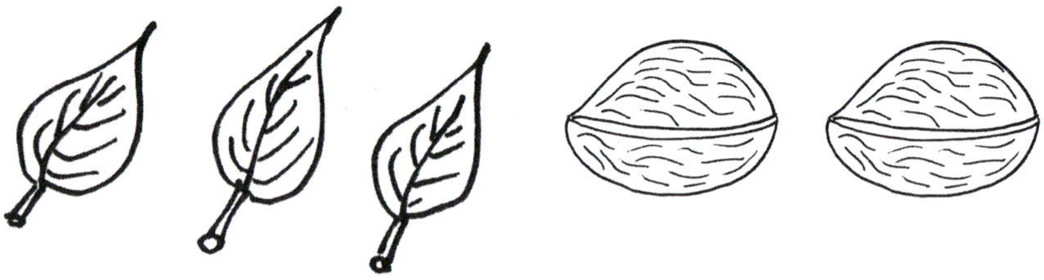

– Legen und gemeinsam besprechen

– Fotografieren

Fantasiereise

Bitte schließe deine Augen und hör' mir zu.
Du bist ganz ruhig, ganz entspannt.

*****

Stell dir vor, du gehst in Gedanken hinaus, in die Natur.
Du siehst dich langsam um.
Die Natur hat sich verändert.
Die Blätter an den Bäumen sind nicht mehr nur grün, sondern rot, braun, gelb.

*****

Du atmest ein, ganz tief. Die Herbstluft füllt deine Lungen.
Der Wind bläst dir durch die Haare. Er wirbelt Blätter durch die Luft und rauscht durch die Bäume.
Die Sonne scheint nur ganz leicht durch Nebelschleier hindurch.
Lass dieses Bild auf dich wirken.

*** Pause ***

Du läufst zum Wald. Du spürst den weichen Waldboden und
kleine Äste knacksen unter deinen Füßen.

*****

Überall entdeckst du, wie sich die Natur im Herbst verändert hat. Am Boden liegen bunte Blätter, Früchte von Bäumen, Eicheln, Bucheckern, Kastanien.
Beeren hängen an den Büschen.
Die Tiere bereiten sich auf den Winter vor.
Ein Eichhörnchen huscht über den Weg und versteckt sich im nächsten Baum.

*****

Die Natur ist zur Künstlerin geworden und zeigt dir ihr neues Gesicht. Lass dich von ihr an die Hand nehmen und entdecke ihre Schönheit: ein farbenfroher Baum, ein Igel im Gebüsch, der bunte Wald und die frische klare Herbstluft.
Die Natur ist eine wahre Künstlerin.

*** Pause ***

Du bewahrst diese Bilder in deinen Gedanken auf. Langsam gehst du zurück zur Schule, kommst in das warme Klassenzimmer und öffnest wieder die Augen.
Du bist wieder hier.

Eulen im Wald

2 Unterrichtsstunden – Einzelarbeit – Grafisches/ Farbiges Gestalten

Kompetenzen

Die Schüler
- erkennen typische Merkmale von Eulen und können diese bei ihrer Eule zeichnerisch darstellen.
- können Blattformen aus Tonkarton ausschneiden (möglichst frei).

Material

- DIN-A3-Papier, weiß (Malblock)
- DIN-A4-Papier, weiß
- Wachsmalkreide
- getrocknete und gepresste Blätter
- Motivkarton in Herbstfarben
- Schere, Kleber

Einstieg

Getarnte Tiere auf Bildern entdecken (vorzugsweise Waldtiere bzw. Eulen, am besten über Suchmaschine im Internet auswählen, dann auf Folie ziehen).
Daraus **Zielangabe** ableiten: Wir verstecken eine Eule im Wald.

Vorbereitung der Gestaltung

Eulen auf den Bildern genauer betrachten, typische Merkmale einer Eule (große Augen, spitze Ohren, geschecktes Gefieder) besprechen.

Explorationsphase

Zeichnen der Eule an Stationen kurz üben: an Tafel nachspuren, auf DIN-A3-Blatt mit Wachsmalkreide nachspuren (ähnlich der Stationen bei Buchstabeneinführungen). Auf DIN-A4-Blättern mit Wachsmalkreiden Eule malen (nur die äußere Form), dabei – wenn möglich – die besprochenen Details der Augen und Ohren umsetzen. Im Anschluss Arbeitsschritte (s. Skizze) anhand der Materialien erklären.

Gestaltungsphase

Jeder Schüler malt mit brauner Wachsmalkreide einen Ast, der quer bzw. leicht schräg über das DIN-A3-Blatt (Hochformat) geht (siehe Skizze/Kopiervorlage).

Auf diesen Ast wird nun ebenfalls mit Wachsmalkreide eine Eule gemalt. Dabei sollten, wenn möglich, mit Schwarz, Rot, Orange, Gelb und Weiß leichte Braunabstufungen erzeugt werden, um das Gefieder realistischer erscheinen zu lassen.

Anschließend wird der Hintergrund noch mit Wachsmalkreide grün oder braun schraffiert.

Nun werden aus den Motivkartonbögen Blätter ausgeschnitten. Dazu können entweder Schablonen bereitgelegt werden oder Blätter mit Bleistift frei aufgemalt und ausgeschnitten werden.

Im nächsten Schritt werden getrocknete Blätter und die ausgeschnittenen Blätter auf das gesamte Blatt geklebt, um die Eule im Blätterwirrwarr quasi zu verstecken. Die Blätter sollten dabei unbedingt in verschiedene Richtungen angeordnet werden, um eine einigermaßen naturnahe Darstellung zu erreichen.

Betrachtungsphase

Stehhalbkreis vor der Tafel, einige Bilder (freiwillig!) nach und nach von Schülern vorstellen und beurteilen lassen. Dabei auf positive Bewertung vor kritischen Anmerkungen bestehen (Satzmuster anbieten).

Differenzierung

Für zeichenschwächere Schüler kann die Eule als Kopiervorlage (bereits auf DIN A3 hochkopiert) zur Verfügung gestellt werden. Ebenso kann man einige Blattschablonen bereitlegen, da das freie Malen und Ausschneiden von Blättern erfahrungsgemäß eher schwierig ist.
Schnelle Schüler helfen ihren Mitschülern beim Ausschneiden und Aufkleben der Blätter.

Tipps/Alternativen

Wer sich an Eulen sattgesehen hat, kann das Thema natürlich genauso gut mit anderen Waldtieren durchführen (Eichhörnchen, Siebenschläfer, Baummarder).
Natürlich kann man aus Kostengründen auch auf Motivkarton verzichten und auf normales Tonpapier in Herbstfarben zurückgreifen.
Die Blätter können gemeinsam beim Wandertag gesammelt und dann im Klassenzimmer getrocknet und gepresst werden. Oder man gibt den Kindern das Sammeln und Pressen als vorbereitende Hausaufgabe etwa zwei Wochen vor der geplanten Durchführung auf.

+
Kleber

Herbst im Quadrat

1–2 Unterrichtsstunden – Einzel- und Gruppenarbeit – Collagieren

Kompetenzen

Die Schüler
- erkennen typische Herbstmotive.
- erweitern ihre ästhetische Kompetenz, indem sie einzelne Motive zu einem stimmigen Ganzen anordnen.
- üben sich im Schneiden und Kleben.

Material

- Tonpapierbögen (ca. DIN A2) in Herbstfarben
- Bilder-Sammlung verschiedenster Bögen aus alten Kalendern, Gartenkatalogen, Zeitschriften, etc. mit Herbstmotiven
- Schere
- Kleber
- Wachsmalkreiden
- Tonpapierquadrate (ca. 10 x 10 cm), weiß, in Klassenstärke (Kopiervorlage 1)
- Papierquadrate (ca. 8 x 8 cm), weiß
- „Lupen“ aus Karton (Kopiervorlage), je eine pro Schülergruppe

Einstieg

Sitzkreis/Unterrichtsgespräch zum Thema: Dinge, die wir mit dem Herbst in Verbindung bringen. Betrachten der Bilder-Sammlung mit verschiedenen Herbstmotiven.

Vorbereitung der Gestaltung

Klasse in Gruppen einteilen

Jede Gruppe erhält verschiedene Blätter aus der Sammlung und geht mit einer „Lupe“ auf Motivsuche. Jeder Schüler darf/sollte dabei ein oder mehrere Motive mit Bleistift einrahmen (entlang der Innenkante).

Gestaltungsphase

Jeder Schüler erhält ein weißes Tonpapierquadrat und grundiert es mit Wachsmalkreide in einer Herbstfarbe (nur leicht schraffieren, nicht zu fest aufdrücken).

Das zuvor ausgewählte Motiv aus der Herbstbilder-Sammlung wird ausgeschnitten und auf das Quadrat geklebt. Wahlweise kann auch ein Herbstmotiv auf eines der kleineren Papierquadrate gemalt und auf das vorbereitete, größere Quadrat geklebt werden.

Nun ordnet die Gruppe ihre Quadrate auf einem Tonpapierbogen so an, dass zwischen den Quadraten ein ungefähr gleicher Abstand bleibt, und klebt sie auf.

Je nach Schüleranzahl bzw. Anzahl der entstandenen Quadrate entsteht pro Gruppe ein Bogen oder 2 Gruppen kleben ihre Quadrate auf einen Bogen.

Zuletzt wird, wenn noch Zeit ist, die Überschrift in Großbuchstaben auf Wortkarten geschrieben und aufgeklebt (s. Differenzierung).

Differenzierung

Differenziert wird zum einen quantitativ durch die Anzahl der gestalteten Quadrate.
Außerdem haben die Schüler die Wahl zwischen dem Ausschneiden von Motiven, was leichter ist, und dem anspruchsvolleren Selbstgestalten bzw. Malen.

Zusätzlich können schnelle Schüler den Schriftzug mit Wachsmalkreiden gestalten. Dazu werden (vorbereitete) Papierstreifen mit Wachsmalkreide in verschiedenen Herbstfarben grundiert. Anschließend werden die Worte „Herbst im Quadrat" in Großbuchstaben mit Wachsmalkreide daraufgeschrieben.
Hierfür ist es hilfreich, wenn der Lehrer den Schriftzug mit Bleistift vorschreibt, da das gleichmäßige Großschreiben der Buchstaben für die Schüler in diesem Alter noch relativ schwer ist.

Kopiervorlage: Lupe

1

2

3

4

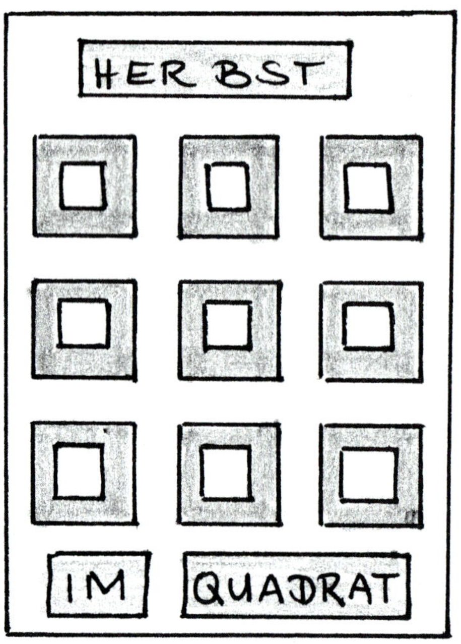

Schnelle Herbstdeko

1 Unterrichtsstunde – Einzel-/Gemeinschaftsarbeit – Materialcollage

Kompetenzen

Die Schüler können
- verschiedene Herbstmaterialien passend arrangieren und an Schnüren befestigen.
- werden sensibel für die Ästhetik der Natur und die Gestaltung von Räumen durch den Menschen.

Material

- Kiefernzapfen
- Herbstblätter, getrocknet und gepresst
- Lampionblumen
- Hagebutten (mit etwas Stiel)
- dünne Schnur
- Schere

Einstieg

Herbstlied singen/von einem Herbstspaziergang erzählen/Fantasiereise zum Thema „Herbst".

Vorbereitung der Gestaltung

Materialien benennen und Schüler mögliche Gestaltungsvorschläge einbringen lassen, Befestigung der Materialien an der Schnur durch Schüler demonstrieren lassen.

Gestaltungsphase

Zunächst legt jedes Kind die Materialien, die es verwenden will, auf seinem Tisch bereit. Danach kann es so lange die Reihenfolge verändern, bis ihm diese gefällt.

Nun bindet jeder Schüler eine Dekokette. Dabei werden die bereitgelegten Kiefernzapfen, Herbstblätter, Hagebutten und Lampionblumen an einer etwa 1 m langen Schnur festgeknotet.

Die gestalteten Schnüre können entweder am Fenster aufgehängt werden oder an einem schönen Ast, der an der Decke hängt. Im abgebildeten Fall sind die Ketten an einem Holzring befestigt, der je nach Jahreszeit gestaltet wird.

Differenzierung/Alternativen

Schnelle Schüler können die Fensterbank mit Herbstmaterialien dekorieren.
Schüler, die beim Befestigen der einzelnen Materialien Probleme haben, können mit einem anderen Kind zusammenarbeiten.

Tipps

Wenn die Herbstblätter vorher laminiert werden, halten sie etwas länger bzw. bröseln nicht, wenn man sie berührt.
Die Zapfen können ganz leicht an der Schnur befestigt werden, indem die Schnur einmal um die Spindel des Zapfens gewickelt wird, also zwischen den Schuppen durch. Die Lampionblumen werden am besten mit einem Knoten an der Schnur festgemacht, ebenso die Stiele der Blätter und Hagebutten.

Oktober
5.
Mittwoch

Lichterzeit im November

1–2 Unterrichtsstunden – Einzelarbeit – Sgrafittotechnik

Kompetenzen

Die Schüler
- erlernen die Sgrafittotechnik.
- drücken ihre Kreativität aus, indem sie individuelle Muster herauskratzen.
- gestalten ein Windlicht für die Fensterbank.

Material

- glänzendes, glattes Papier (pro Kind je ein Streifen etwa 25 x 12 cm, je nach Größe der verwendeten Gläser)
- Wachsmalkreiden
- Kratzer
- Wasserfarbe (schwarz)
- Borsten- oder Haarpinsel, mittlere Breite
- Wasser und Spülmittel
- Trinkgläser und Teelichter (Anzahl jeweils in Klassenstärke)
- Klebefilm

Einstieg

Unterrichtsgespräch zum Thema: Welche Farben leuchten im Dunkeln am besten? (evtl. in Anlehnung an die Verkehrserziehung im Sachunterricht)
Daraus abgeleitet die ***Zielangabe:*** Wir gestalten ein Windlicht für die Fensterbank.

Explorationsphase

- Gestaltungsmöglichkeiten in der Gruppe mit Wachsmalkreide und Kratzer auf einem Blatt Papier ausprobieren.

Vorbereitung der Gestaltung

- Stehkreis, Tisch in der Mitte mit Trinkglas, Teelicht, Wachsmalkreiden, Papier, Wasserfarbe, Pinsel, Kratzer und Spülwasser. Schüler berichten aus der Explorationsphase und äußern Vermutungen zur Vorgehensweise.
- Besprechen und Demonstrieren der Arbeitsschritte (s. Gestaltungsphase). Hierfür am besten die einzelnen Zwischenergebnisse vorbereitet mitbringen.
- Wasser mit viel Spülmittel vermischen und das entstandene Spülwasser an die Kinder verteilen.

Gestaltungsphase

- Jeder Schüler erhält einen Papierstreifen und bemalt diesen zunächst komplett mit Wachsmalkreide (vorzugsweise gelb, orange, rot, grün). Dabei sollten die Kinder möglichst fest aufdrücken, damit die Farben später besser zur Geltung kommen.
- Im nächsten Arbeitsschritt wird der Papierstreifen mit Schwarz übermalt. Dazu wird schwarze Wasserfarbe mit Spülwasser kräftig angerührt und mit einem breiten Pinsel aufgetragen.
- Nach dem Trocknen kann jeder Schüler nun individuelle Muster mit dem Kratzer, der in jedem Wachsmalfarbenkasten dabei ist, hineinkratzen.

Der Papierstreifen wird dann um ein Trinkglas gelegt und mit Klebefilm zusammengeklebt. In das Trinkglas wird ein Teelicht gestellt.

Betrachtungsphase

Raum verdunkeln, Teelichter anzünden, Windlichter mit leiser Meditationsmusik im Hintergrund leuchten lassen, Schüler äußern sich frei zu ihren Empfindungen.

Differenzierung

Schüler, die erfahrungsgemäß langsamer arbeiten, können einen Papierstreifen gemeinsam mit Farben bemalen. Zum einen ist dann die Fläche nicht so groß und die Kinder sind schneller fertig. Zum anderen wird die Hand bei einer kleineren Fläche durch das Malen nicht so stark beansprucht.

Tipps/Alternativen

Mit dem angegebenen glänzenden Papier, wie man es z. B. von Kalendern kennt, sowie dem Übermalen mit schwarzer Wasserfarbe und Spülwasser wird bei der Sgrafittotechnik ein sehr schönes Ergebnis erzielt.
Natürlich kann man auch normales Papier verwenden und statt der Wasserfarbe mit schwarzer Wachsmalkreide übermalen.
Statt normaler Teelichter kann man aus Sicherheitsgründen auch LED-Teelichter benutzen, dann gibt es beim An- und Ausmachen der Lichter keine Brandblasen.

Statt eines Windlichtes für die Fensterbank kann man diese Technik natürlich auch sehr gut einsetzen, um eine Laterne für den Martinsumzug/Lichterumzug zu basteln.

Herbstwald

2 Unterrichtsstunden – Gemeinschaftsarbeit – Materialcollage

Kompetenzen

Die Schüler
- gestalten einen individuellen Herbstbaum, indem sie verschiedene Materialien zu einem kreativen Ganzen zusammenfügen.
- können Vertrauen in ihr künstlerisches Schaffen gewinnen, da allen durch die Arbeitsteilung ein schönes Ergebnis gelingen wird.
- erweitern ihr künstlerisches Schema „Baum“ und differenzieren ihre Wahrnehmung.

Material

- Kopiervorlage Baum, in Klassenstärke auf braunes Tonpapier kopiert
- Tonpapier, braun
- verschiedene Materialien in Herbstfarben für die Blätter, z. B. bemaltes Zeitungspapier, Tapetenreste, Stoffreste, Motivkarton, Krepppapier, Kalenderblätter
- Schere, Kleber, Klebefilm

Einstieg

Windrauschen über CD einspielen und Herbstgedicht (z. B. „Der Herbst“ von Suse Wintgen) dazu vorlesen. **Zielangabe** ableiten: Wir gestalten einen Herbstwald.

Vorbereitung der Gestaltung

- Unterrichtsgespräch zum Thema: So sieht der Wald im Herbst aus? Das ist besonders am Wald im Herbst (Erfahrungen der Schüler miteinbeziehen, Erfahrungen evtl. durch Bilder von herbstlichen Wäldern erweitern).
- Besonderes Augenmerk auf die Farbe und Form der Blätter legen: Herbstfarben besprechen, spitz zulaufende Form der Blätter an Tafel vorzeichnen lassen.
- Einteilung der Klasse in 3 Gruppen und Erklären der Arbeitsschritte anhand einer Skizze an der Tafel. Skizze mit Nummern 1 bis 3 beschriften, so können die Gruppen immer wieder ihren Arbeitsauftrag sehen. Außerdem hilft diese Skizze ebenfalls beim zweiten, individuellen Arbeitsschritt, dem Gestalten des Baumes.

Gestaltungsphase I

Diese Phase läuft dreifach differenziert ab:
- *Gruppe 1 (leicht):* Etwa 3 bis 4 Kinder schneiden aus braunem Tonpapier den Untergrund für die Bäume aus. Dabei zeichnen sie flachere Hügel auf, schneiden diese aus und befestigen sie mit Klebefilm an der unteren Fensterkante.
- *Gruppe 2 (mittel):* Ein Teil der Klasse schneidet Blattformen aus. Jeder Schüler dieser Gruppe sollte hauptsächlich eine Papierform verarbeiten – also schneidet beispielsweise ein Schüler hauptsächlich Blätter aus Tapetenresten, einer aus Zeitungspapier etc. aus. So entstehen möglichst viele verschiedene Herbstblätter.
- *Gruppe 3 (schwierig):* Etwa die Hälfte der Klasse schneidet die kopierten Baumformen für die gesamte Klasse aus. Hierbei sollten die Schüler auf sehr genaues Schneiden achten. (Wer schnell fertig ist, hilft bei Gruppe 2.)

Gestaltungsphase II

- Nachdem Baumformen in Klassenstärke vorhanden sind, kann jetzt jeder Schüler einen individuellen Baum zusammenstellen.
- Dazu wählt er aus den ausgeschnittenen Blättern die aus, die ihm gefallen, und klebt sie an den Ästen eines ausgeschnittenen Baumes an. Wenn nötig, schneiden die Schüler noch weitere Blätter für sich aus.
- Jeder Baum wird schließlich ans Fenster geklebt.
  Durch die vorherige Arbeitsteilung ist sichergestellt, dass jeder einen schönen Baum gestalten kann.

Differenzierung

Schnelle können weitere Blätter ausschneiden, die als wirbelnde Blätter im Wind über und zwischen den Bäumen aufgeklebt werden.

Tipps/Alternativen

Diese Idee kann auch als Gruppenarbeit angefertigt werden. Dazu wird der Hintergrund, ein weißer Tonkarton in DIN A3 im Querformat, mit Wasserfarben lasiert (unterer Bereich grün, oberer Bereich blau). Darauf werden die ausgeschnittenen Bäume geklebt, die schließlich mit Blättern gestaltet werden. Dabei können wie oben verschiedene Materialien individuell ausgewählt werden.

Noch schöner wäre natürlich ein Einstieg in das Thema über eine Originalbegegnung, z. B. einen Spaziergang durch den Herbstwald. Dabei können die Farben des Herbstes viel intensiver wahrgenommen werden, ebenso können die Formen der Blätter und Bäume in der Realität erfahren werden.

Gestaltung als Gruppenarbeit

Schablonen

Weihnachtsdorf – Adventskalender

2 Unterrichtsstunden – Einzel- und Gemeinschaftsarbeit – Farbiges / Räumliches Gestalten

Kompetenzen

Die Schüler
- setzen die Technik des deckenden Farbauftrags bewusst für die Gestaltungsaufgabe ein.
- vertiefen ihre kreative Ausdrucksfähigkeit, indem sie ein individuelles Häuschen für das gemeinsame Weihnachtsdorf gestalten.

Material

- 24 Pappbecher
- rotes Tonpapier
- Wasserfarben
- Haarpinsel
- Tortenspitze
- evtl. Pappteller
- weiße Permanentmarker oder Deckweiß und dünne Pinsel

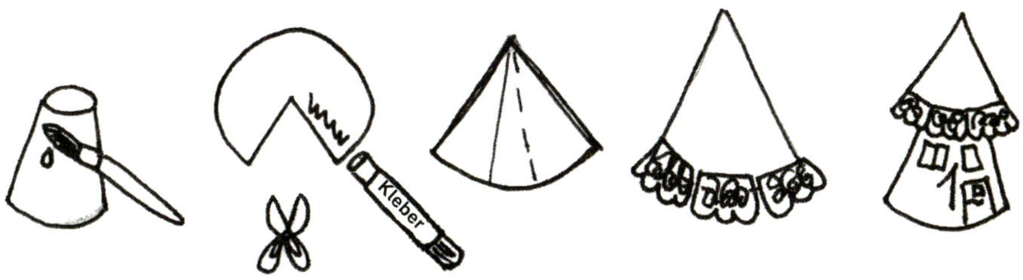

Einstieg

Wichtelbilderbuch zum Thema Weihnachten im Kinositz betrachten (z. B. Teddys Weihnachten von Fritz Baumgarten). Besonderes Augenmerk auf die Häuschen legen.
Daraus **Zielangabe** ableiten: Wir gestalten ein Weihnachtsdorf. Jedes Häuschen wird gleichzeitig ein Teil unseres Adventskalenders sein.

Vorbereitung der Gestaltung

Betrachten des Materials im Kinositz: Wasserfarben, Becher, Tonpapier und Tortenspitze. Äußern möglicher Gestaltungsvarianten. Grundidee erklären: bemalter Becher in Rot / Rotbraun als Haus, Tonpapier und Tortenspitze als verschneites Dach. Dachvarianten kurz erklären. Verzierungsmöglichkeiten von Schülern benennen lassen.

Gestaltungsphase

Zunächst bemalt jeder Schüler einen Becher mit Wasserfarbe in Rot bzw. Rotbraun.

Während der Becher trocknet, wird das Dach des Hauses aus rotem Tonpapier mithilfe der Schablonen (s. Kopiervorlagen) gebastelt. Dazu wird entweder ein Kreissegment aus Tonpapier ausgeschnitten. Dieses wird zu einem Kegel zusammengeklebt (Überlappung ca. 2 cm) und ein Kegeldach entsteht. Oder ein rechteckiges Tonpapierstück wird in der Mitte gefaltet, so entsteht ein Satteldach.

Nun wird das Dach verziert. Dazu werden kleine Randstücke von Tortenspitze als Schneerand am Dachrand entlang geklebt. (Alternativ können hier auch kleine Randstücke von Papptellern eingesetzt werden; sie sind jedoch fester als Tortenspitze und daher deutlich schwerer zu befestigen.)

- Als Nächstes wird auf jeden getrockneten Becher eine Zahl mit weißem Stift möglichst gut lesbar geschrieben (Am besten an der Schülerliste orientieren oder vorher kleine Zettel mit Nummern 1–24 ausgeben. So entsteht zum einen kein Streit und zum andern wird keine Zahl doppelt geschrieben.).
- Die Dächer müssen nicht unbedingt am Becherrand befestigt werden. Meist halten sie auch, wenn sie nur aufgelegt werden. Ansonsten mit etwas Flüssigkleber oder Heißkleber aus der Heißklebepistole am Rand befestigen.
  Ein halber Verpackungschip oder ein kleiner Pompon aus weißer Wolle, mit etwas Heißkleber an der Spitze befestigt, ist das i-Tüpfelchen auf den Kegeldächern.

Betrachtungsphase

Zum Schluss werden alle Häuschen gemeinsam auf der Fensterbank oder einem Tisch aufgestellt und betrachtet. Etwas Watte (als Schnee) zwischen den Häusern und evtl. eine Lichterkette erzeugen die richtige Vorweihnachtsstimmung.

Differenzierung

Schnelle Schüler können ihr Häuschen noch verzieren, z. B. Fenster und Türen aufmalen und mit einem kleinen Stück Tortenspitze einen Schneerand dazukleben.
Für schwächere Schüler ist es sinnvoll, das Dach als Kopiervorlage auszugeben, sodass es nur noch ausgeschnitten werden muss.

Tipps/Alternativen

Gerade auf den Kegeldächern wirkt auch eine goldene oder silberne Kugel sehr gut. Dazu wird einfach eine kleine Wattekugel (im Bastelbedarf) gold bzw. silbern angemalt und angeklebt (evtl. mit Heißkleber).

Die Becher können mit einer Kleinigkeit gefüllt werden. Jeder Schüler darf an „seinem“ Tag das Häuschen dieses besonderen Adventskalenders öffnen. Oder man verzichtet auf das Befüllen sowie auf das Nummerieren der Becher und jeder Schüler darf stattdessen an „seinem“ Tag sein Häuschen dazustellen. So entsteht das Weihnachtsdorf nach und nach.

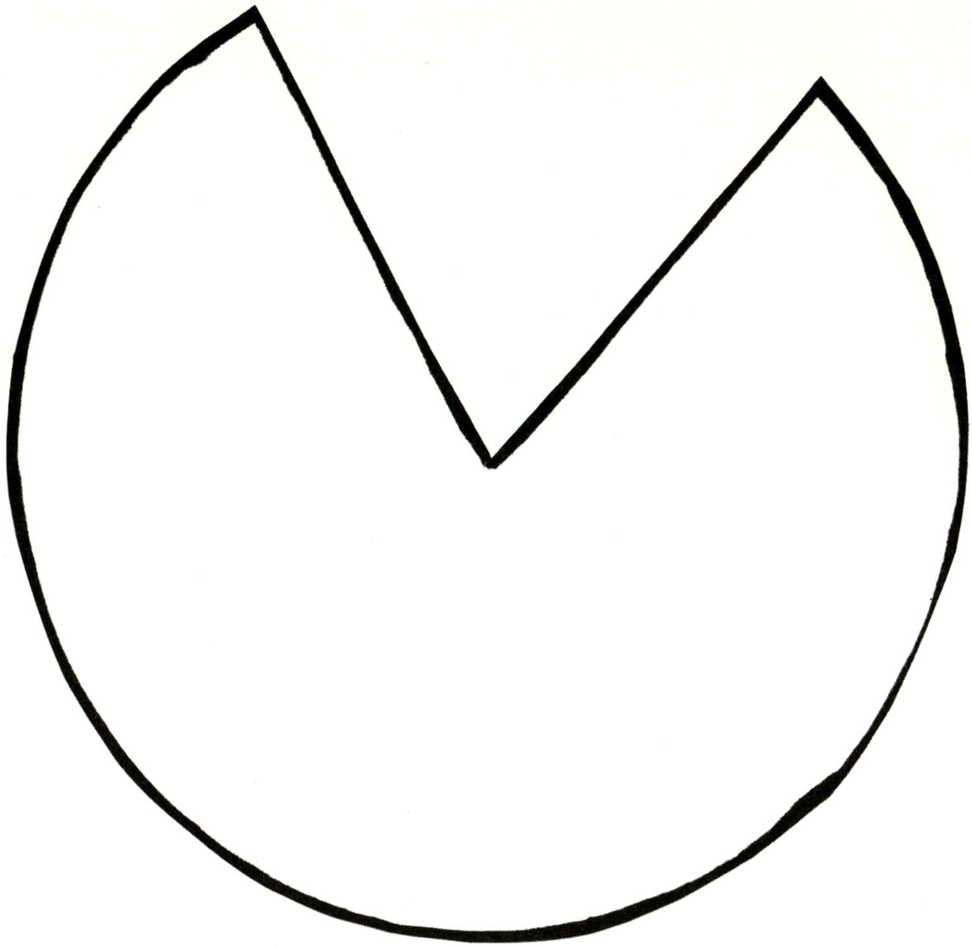

Ein besonderer Weihnachtsbaum

1 Unterrichtsstunde – Einzel- und Gemeinschaftsarbeit – Räumliches Gestalten / Schneiden

Kompetenzen

Die Schüler
- verbessern ihre Feinmotorik, indem sie unterschiedliche Weihnachtsmotive für einen gemeinsamen Weihnachtsbaum gestalten.
- finden Gefallen am weihnachtlichen Dekorieren des Klassenzimmers.

Material

- Weihnachtsbaum aus Ästen, mit Seilen verbunden (s. Tipps)
- Chenilledraht in Rot und Weiß, jeweils in Klassenstärke
- Karton (z. B. Rückseite von alten Malblöcken)
- Wolle, rot und beige
- Tonpapierreste, rot und weiß
- Glitzerkarton, gold oder cremefarben
- Kopiervorlagen

Einstieg

Singen von Advents- / Weihnachtsliedern, daraus **Zielangabe** ableiten: Wir schmücken einen besonderen Weihnachtsbaum.

Vorbereitung der Gestaltung

Holzbaum an vorgesehenem Platz befestigen. Gemeinsam verschiedene Gestaltungsmöglichkeiten für den Baum besprechen.

Explorationsphase

Mit dem Chenilledraht verschiedene Formen ausprobieren. Das Umwickeln der Herzen ausprobieren. Anschließend Tipps weitergeben.

Gestaltungsphase

Diese Phase verläuft dreifach differenziert:

1. Gruppe: leicht
Aus einem roten und einem weißen Chenilledraht wird eine Zuckerstange gebogen. Dazu werden zunächst beide Stangen umeinandergewunden und dann schließlich zu einer Zuckerstange gebogen. Mit einem dünnen weißen Faden werden die Zuckerstangen an den Hölzern festgebunden. Sie können aber auch ohne extra Faden angehängt werden. Schnelle können noch weitere Stangen biegen oder sich an einem Herz versuchen.

2. Gruppe: mittel
Ein Engel wird mithilfe einer Schablone (Kopiervorlage) auf der Rückseite des goldenen Glitzerkartons aufgezeichnet und ausgeschnitten. Mit einem Faden wird er an einem Ast befestigt.

3. Gruppe: schwierig
Ein Herz aus Karton (Kopiervorlage) wird mit roter oder beigefarbener Wolle komplett umwickelt. Dabei lässt man den Faden am Anfang zwischen den Herzbögen ein Stück länger hängen. Dieses Fadenstück wird später zum Aufhängen benutzt. Wer möchte, kann aus

weißem oder rotem Tonpapier entweder ein kleineres Herz oder einen kleinen Stern ausschneiden, das bzw. der dann auf das Wollherz geklebt wird.

Betrachtungsphase

Wenn alle Bastelsachen aufgehängt sind, wird der Raum verdunkelt, Weihnachtsmusik angeschaltet und der Baum gemeinsam betrachtet.

Differenzierung

Schnelle Schüler schneiden große Sterne aus dem Glitzerkarton aus. Diese werden leicht versetzt übereinandergeklebt und an der Spitze des Baumes befestigt.

Tipps/Alternativen

Der Weihnachtsbaum an sich sollte vom Lehrer im Vorfeld vorbereitet werden. Dazu unterschiedlich lange, möglichst gerade Äste entrinden, wie auf dem Foto anordnen und mit Seilen oder Schnüren verbinden (Rinde kann auch an den Ästen bleiben.).
Als individuelle Weihnachtskarte bietet es sich an, ein Foto von jedem Kind vor dem Baum zu machen und das ausgedruckte Foto auf eine rote Doppelkarte zu kleben. Innen kann ein Weihnachtsgedicht stehen oder jedes Kind schreibt seine Weihnachtsgrüße hinein.

Glitzernde Weihnachtskarten

2 Unterrichtsstunden – Einzelarbeit – Drucken / Reserviertechnik

Kompetenzen

Die Schüler
- gestalten individuelle Karten, indem sie weihnachtliche Motive malen bzw. drucken.
- lassen sich auf die Vorweihnachtszeit mit verschiedenen Sinnen ein.

Material

- Blankokarten in DIN A6, min. in Klassenstärke, weiß oder cremefarben
- Papier (etwas kleiner als DIN A6 zugeschnitten), in doppelter Klassenstärke
- rotes Tonpapier (etwas kleiner als DIN A6 zugeschnitten), in Klassenstärke
- Korken (als Dreiecksform vorbereitet, s. Foto), in halber Klassenstärke
- Flüssigkleber
- Goldglitzer
- Motivlocher „Stern“ oder Dekosterne (bereits gestanzt)
- goldenes Tonpapier
- Plastiktütchen, DIN A6, klar, in Klassenstärke
- Sticker „Frohe Weihnachten“ o. Ä.

Einstieg

Einstimmung auf das Thema, z. B. mit einem Advents-/Weihnachtslied, Weihnachtsmotive betrachten, Weihnachtsgeschichte vorlesen, Weihnachtsduft mit Duftlampe o. Ä. verbreiten.

Vorbereitung der Gestaltung

Erklären der 3 Stationen der Lerntheke und evtl. durch Schüler vormachen lassen; Platz vorbereiten: Tisch abdecken, Wachsmalkreiden, Kleber und Wasserfarben bereitlegen.

Station 1 (leicht): Tannenbaum mit Kleber „malen“ und mit Glitzer bestreuen:
Auf rotes Tonpapier mit Bleistift ganz leicht die Form eines Tannenbaums vorzeichnen. Den kompletten Baum mit Flüssigkleber „ausmalen“ und im Anschluss mit Goldglitzer bestreuen. Tonpapier **nach** dem Trocknen auf die Vorderseite der Karte kleben (eventuell den Tannenbaum vorher grob ausschneiden) und mit Sticker „Frohe Weihnachten“ verzieren.
Differenzierung: Form des Tannenbaums als Schablone anbieten.

Station 2 (mittel): Bethlehemstern mit kleinen Sternen:
Mit gelber Wachsmalkreide einen Bethlehemstern auf die Vorderseite der Karte malen, den Rest mit dunkelblauer Wasserfarbe anmalen. Aus goldenem Tonpapier mit dem Motivlocher Sterne ausstanzen (oder die vorgestanzten Sterne verwenden) und in ein Plastiktütchen geben. Dieses mit Klebefilm zukleben und über dem Bethlehemstern anbringen, indem das Tütchen rundum mit Klebefilm festgeklebt wird.
Differenzierung: Bethlehemstern als Schablone anbieten → oder statt Bethlehemstern einfach Weihnachtsmotiv malen und das Feld nach Wunsch mit Tannenbäumen, Sternen oder Schneeflocken befüllen.

Station 3 (schwierig): Sterne mit Korken drucken:
Vorbereiteten Korkdruckstock mit Wasserfarbe (z. B. Gold, wenn vorhanden) einstreichen und auf weißes Papier Stern(e) drucken. Stern(e) nach dem Trocknen ausschneiden und auf die Vorderseite der Karte kleben. Mit Sticker „Frohe Weihnachten“ verzieren.
Differenzierung: Sternschablone oder Plätzchen-Ausstecher in Sternform bei Station 2 bereitlegen – schwächere Schüler zeichnen mit Bleistift den Umriss auf ihre Karte, bevor sie drucken.

Gestaltungsphase

Jeder Schüler wählt eine Station aus und gestaltet mindestens eine Weihnachtskarte am Platz. Die Karten, die an Station 1 mit Flüssigkleber entstehen, müssen unbedingt über Nacht trocknen.

Betrachtungsphase

Weihnachtslieder werden leise im Hintergrund über CD (o. Ä) eingespielt und die entstandenen Karten dabei gemeinsam betrachtet.

Differenzierung

Die einzelnen Stationen können mit Sternen gekennzeichnet werden:
1 Stern = leicht, 2 Sterne = mittel, 3 Sterne = schwierig. Die Schüler wählen dann gemäß ihrer Fähigkeiten oder auch Interessen.
Schnelle Schüler können mehrere Karten gestalten.

Tipps/Alternativen

Es ist für die Kinder sehr hilfreich, wenn sie eine gestaltete Karte an jeder Station als Anschauungsbeispiel vor Augen haben. Aber natürlich dürfen und sollen die Kinder auch eigene Gestaltungsideen umsetzen können. Gerade bei Station 1 könnten auch andere Weihnachtsmotive gemalt werden, z. B. Christbaumkugeln oder Kerzen.
Es bietet sich an, im Deutschunterricht ein Weihnachtsgedicht auf die Innenseiten der Karten zu schreiben oder einzukleben → Prinzip des fächerübergreifenden Unterrichts. Die Plastiktütchen gibt es entweder im Drogeriemarkt oder aber auch als selbstklebende Folienbeutel, die man im Internet beziehen kann (50 Stck. ca. 2 €).

Frohe
Weihnachten
Frohe
Weihnachten

Abstrakte Winterlandschaft

2 Unterrichtstunden – Einzelarbeit – Farbiges Gestalten

Kompetenzen

Die Schüler
- verfeinern ihre ästhetische Wahrnehmung durch die Betrachtung des Bildes „Winterbild“ von Paul Klee.
- können mit Wasserfarben einen Hintergrund lasierend gestalten.
- verbessern ihre Feinmotorik durch präzises Ausmalen kleiner Formen mit Buntstiften.

Material

- 1 Wollfaden pro Kind
- DIN-A3-Papier (Malblock)
- DIN-A5-Papier
- Buntstifte
- schwarzer Filzstift
- Wasserfarben
- Schwämmchen oder breiter Haarpinsel

Einstieg und Explorationsphase I

Mit einem Wollfaden eine Trennlinie auf einem DIN-A3-Blatt legen, dabei verschiedene geometrische Formen (Kreise, Rechtecke, Dreiecke) mithilfe des Wollfadens in die Linie integrieren. Mehrere Versuche bis zur eigenen Zufriedenheit durchführen.

Vorbereitung der Gestaltung

Bildbetrachtung Paul Klee „Winterbild“; Herausarbeiten der Bildelemente: Trennlinie mit Schnörkeln, Winterhimmel, Bäume und Schneeflocken.
Bildintention / Bildinterpretation anbahnen: Wo siehst du im Bild den Winter? Was könnten die bunten Formen bedeuten? etc.

Gestaltungsphase I

Die Schüler zeichnen zunächst die Trennlinie mit Bleistift auf (in Anlehnung an die Wollfadenlinie aus der Explorationsphase).

Danach lasieren sie den Bildbereich oberhalb der Trennlinie mit Wasserfarbe und Schwämmchen bzw. breitem Haarpinsel in Grau-Blau. Dabei sollten sie besonders entlang der Linie sehr sorgfältig malen, damit möglichst wenig Farbe in den unteren Bereich bzw. in die Schnörkel gelangt.

Explorationsphase II

Während der Himmel trocknet, wird besprochen, wie Bäume im Winter aussehen. Einzelne Schüler zeichnen an der Tafel skelettartige Bäume vor.
Im Anschluss daran wird das Zeichnen der Bäume mit Filzstift auf DIN-A5-Blättern geübt.

Gestaltungsphase II

Wenn der Himmel getrocknet ist, werden die geometrischen Formen der Trennlinie mit Buntstiften in verschiedenen Farben ausgemalt.

- Danach wird die Trennlinie mit schwarzem Filzstift nachgefahren. Dabei werden kleinere „Ausrutscher“ übermalt und so korrigiert.
- Zum Schluss werden die Bäume und Sträucher vor allem im oberen Bereich mit schwarzem Filzstift eingezeichnet. Ebenso können noch einige Schneeflocken eingezeichnet werden.

Differenzierung

Schüler, die sich bei der Einteilung des Blattes schwer tun, erhalten die beigefügte Kopiervorlage (auf DIN A3 vergrößert). Für Schnelle kann ein kleiner Infotext über Paul Klee bereitgelegt werden, den sie lesen und den anderen vorstellen können.

Tipps/Alternativen

Nach der Explorationsphase kann man auf einen leicht schrägen Verlauf der Trennlinie hinweisen, sodass eine Art Hang entsteht.
Abschließend kann der Künstlersteckbrief aus dem Anhang ausgefüllt werden.

Wackelschneemänner

1 Unterrichtsstunde – Einzelarbeit – Falten und Schneiden

Kompetenzen

Die Schüler
- fördern ihre Feinmotorik durch das genaue Falten von Hexentreppen sowie das Ausschneiden des Kopfes und des Hutes.
- tragen durch ihre Bastelarbeit zur ästhetischen Gestaltung des Klassenzimmers bei.

Material

- Tonpapierstreifen, hellblau und dunkelblau, 4 cm breit, 70 cm lang, jeweils in Klassenstärke
- Tonpapierreste, weiß oder cremefarben, sowie weitere verschiedenfarbige Reststücke
- Sticker-Augen (oder Wackelaugen)
- Buntstifte
- Schere
- Kleber

Einstieg

Eine vorbereitete Hexentreppe zeigen und die Herstellung derselben von den Schülern erklären lassen. **Zielangabe:** Mit solchen Hexentreppen wollen wir heute Wackelschneemänner basteln.

Explorationsphase

Falten einer Hexentreppe mit Papierstreifen ausprobieren, anschließend das genaue Falten demonstrieren lassen.

Gestaltungsphase

- Jedes Kind faltet eine Hexentreppe aus einem hellblauen und einem dunkelblauen Tonpapierstreifen, dabei wird der Anfang der Treppe durch etwas Kleber fixiert.
- Als nächstes wird aus hellem Tonpapier der Kopf mithilfe der Schablone ausgeschnitten. Auf diesen werden zwei Sticker-Augen aufgeklebt. Nun bekommt der Schneemann mit Buntstiften noch Nase und Mund gemalt, bevor er seinen Hut erhält. Hier können die Kinder einen individuellen Hut aus den verschiedenen Tonpapierresten ausschneiden.
- Jetzt muss nur noch der Kopf auf der Hexentreppe angebracht werden. Dazu wird ein kleines Rechteck (ca. 1 x 3 cm) aus hellem oder blauem Tonpapier ausgeschnitten, zu einem „L“ gefaltet und mit dem längeren Stück am Kopf und dem kürzeren auf der Hexentreppe festgeklebt (s. unteres Foto).
  Fertig ist der Wackelschneemann und kann an einer Schnur befestigt werden.

Differenzierung

Der Kopf kann auch als Vorlage zum Ausschneiden auf Tonpapier kopiert werden.
Schüler, die beim Zeichnen des Hutes Probleme haben, können vom Lehrer bzw. von anderen Kindern vorgezeichnete Hüte ausschneiden.

Tipps/Alternativen

Die Sticker-Augen gibt es im Bastelbedarf als Kleberolle mit 2000 Stickern.

Falls keine großen Tonpapierbögen zum Schneiden von Streifen vorhanden sind, wie im Fall des unteren Fotos, können auch zwei kürzere Hexentreppen aneinandergeklebt werden. Oder man faltet von vornherein kürzere Treppen und stellt die Schneemänner auf die Fensterbank, so wie hier:

Kopiervorlage

Bezaubernde Winterpracht

2 Unterrichtsstunden – Partner-/Gemeinschaftsarbeit – Fotografieren/Grafisches Gestalten

Kompetenzen

Die Schüler
- verbessern ihre Fähigkeiten im Umgang mit einer Digitalkamera bzw. lernen, mit einer Digitalkamera zu fotografieren.
- erproben die gestalterischen Mittel der digitalen Fotografie als Mittel ihres eigenen künstlerischen Ausdrucks.
- entdecken durch die bewusste Begegnung mit der winterlichen Natur ästhetische Phänomene und halten diese fotografisch fest.

Material

- Digitalkamera (mindestens eine, besser mehrere)
- DIN-A5-Papier, weiß (halbe Klassenstärke)
- Bleistift
- blaues Tonpapier
- Kleber

Einstieg

Wintergedicht aufsagen oder Bilder von Winterlandschaften betrachten.

Vorbereitung der Gestaltung

- Unterrichtsgang zu einer Wiese mit Sträuchern oder an den Waldrand an einem Tag, an dem entweder Schnee liegt oder Raureif die Natur bedeckt.
- Bedienung der Digitalkamera gemeinsam besprechen.

Explorationsphase

Zu zweit auf Motivsuche gehen, dazu den Rahmen (Kopiervorlage) als „Sucher" verwenden. Einzelne Motive der Klasse vorstellen und im Unterrichtsgespräch besonders auf Detailaufnahmen eingehen.

Gestaltungsphase

- Jeweils zwei Schüler entscheiden sich zusammen für eines, der in der Explorationsphase gefundenen Motive. Dabei sollten möglichst Detailaufnahmen bevorzugt werden, da diese später auf kleinen Bildern besser wirken.
- Dieses Motiv wird dann fotografiert. Dabei erproben die Schüler die Möglichkeiten der Digitalkamera durch Zoom oder andere Effekte (z. B. schwarz-weiß, wärmere oder kältere Farbgebung, Fischaugeneffekt o. Ä.). Sie können mehrere Aufnahmen machen, sodass jeder der beiden einmal fotografiert, sollen sich dann aber für ein Foto entscheiden. Die restlichen Bilder werden gelöscht.
- Während einzelne Partnergruppen fotografieren, zeichnen die anderen Zweiergruppen ihr Motiv mit Bleistift auf ein DIN-A5-Blatt. Dazu stellt sich ein Kind leicht nach vorn gebeugt hin, das andere Kind benutzt seinen Rücken sozusagen als Tisch zum Zeichnen.
- Bis zur nächsten Kunststunde werden die Bilder vom Lehrer ausgedruckt bzw. entwickelt.

Die Fotos sowie die entstandenen Bleistiftzeichnungen werden dann auf blaues Tonpapier aufgeklebt und entweder im Schulhaus oder im Klassenzimmer ausgestellt.

Differenzierung

In der Partnergruppe entscheiden die Schüler selbstständig, wer besser zeichnen kann; dieses Kind fertigt dann die Bleistiftzeichnung an. Schüler, die sich gut mit der Digitalkamera auskennen, helfen Kindern, denen das eher schwerfällt.
Schnelle Partnergruppen, die bereits fotografiert und gezeichnet haben, teilen sich auf und unterstützen Zweiergruppen, die beim Bedienen der Kamera Probleme haben.

Tipps/Alternativen

Man kann Fotografieren und Zeichnen auch zeitlich trennen. Dann werden in der Natur nur Fotos gemacht, vom Lehrer bis zur nächsten Stunde entwickelt oder ausgedruckt und dann von den Kindern im Klassenzimmer genau abgezeichnet.
Eine weitere Möglichkeit besteht darin, auf die Bleistiftzeichnung zu verzichten und alle entstandenen Fotos auf einem großen Plakat zusammen aufzukleben.
Die schönsten Fotos werden natürlich bei Sonnenschein erzielt.

Kopiervorlage Suchrahmen

Spaß im Schnee

1 Unterrichtsstunde – Einzelarbeit – Farbiges Gestalten

Kompetenzen

Die Schüler
- experimentieren mit Kleisterfarbe und können ihre individuelle Kreativität ausleben.
- entwickeln figürliche Darstellungen.

Material

- hellblauer Tonkarton, DIN A3, in Klassenstärke, sowie 1x pro Gruppe
- Kleister, angerührt
- blaue Plaka- oder Acrylfarbe
- Pinsel

Einstieg

Unterrichtsgespräch über Aktivitäten im Schnee.

Vorbereitung der Gestaltung

- Kleisterfarbe (s. Tipps) sowie Wasser in separaten flachen Schalen auf den Gruppentischen verteilen, Tisch abdecken.

Explorationsphase

In Gruppenarbeit auf einem DIN-A3-Karton mit der Kleisterfarbe, Pinseln und Fingern experimentieren. Im folgenden Unterrichtsgespräch Tipps weitergeben, Probleme besprechen.

Gestaltungsphase

- Jeder Schüler gestaltet einen DIN-A3-Tonkarton mit einer Aktivität im Schnee.
- Dazu wird zunächst, am besten mit den Händen oder mit einem breiten Borstenpinsel, der Tonkarton leicht mit Wasser angefeuchtet und danach mit Kleisterfarbe eingestrichen.
- Nun können entweder mit dem Finger oder mit einer Pinselrückseite Figuren bzw. Aktivitäten in die Kleisterfarbe gemalt werden.
- Wenn etwas nicht gefällt, kann es einfach wieder mit der flachen Hand glatt gewischt werden, da die Kleisterfarbe sehr langsam trocknet und somit viel Zeit zum Malen, Verändern und Neu-Malen bleibt.
- Wenn das Bild fertig ist, muss es nur noch trocknen.

Differenzierung

Schüler, denen das figürliche Zeichnen von Winteraktivitäten nicht gelingt, können auch nur einen Schneemann malen oder ein abstraktes Winterbild rein durch Formen gestalten.

Tipps/Alternativen

Kleisterfarbe ist Farbe, die mit Kleister vermischt wurde. Der Kleister wird laut Packungsangabe angerührt und – im vorliegenden Fall – mit blauer Plaka- oder Acrylfarbe vermischt. Diese Mischung wird als Kleisterfarbe bezeichnet.

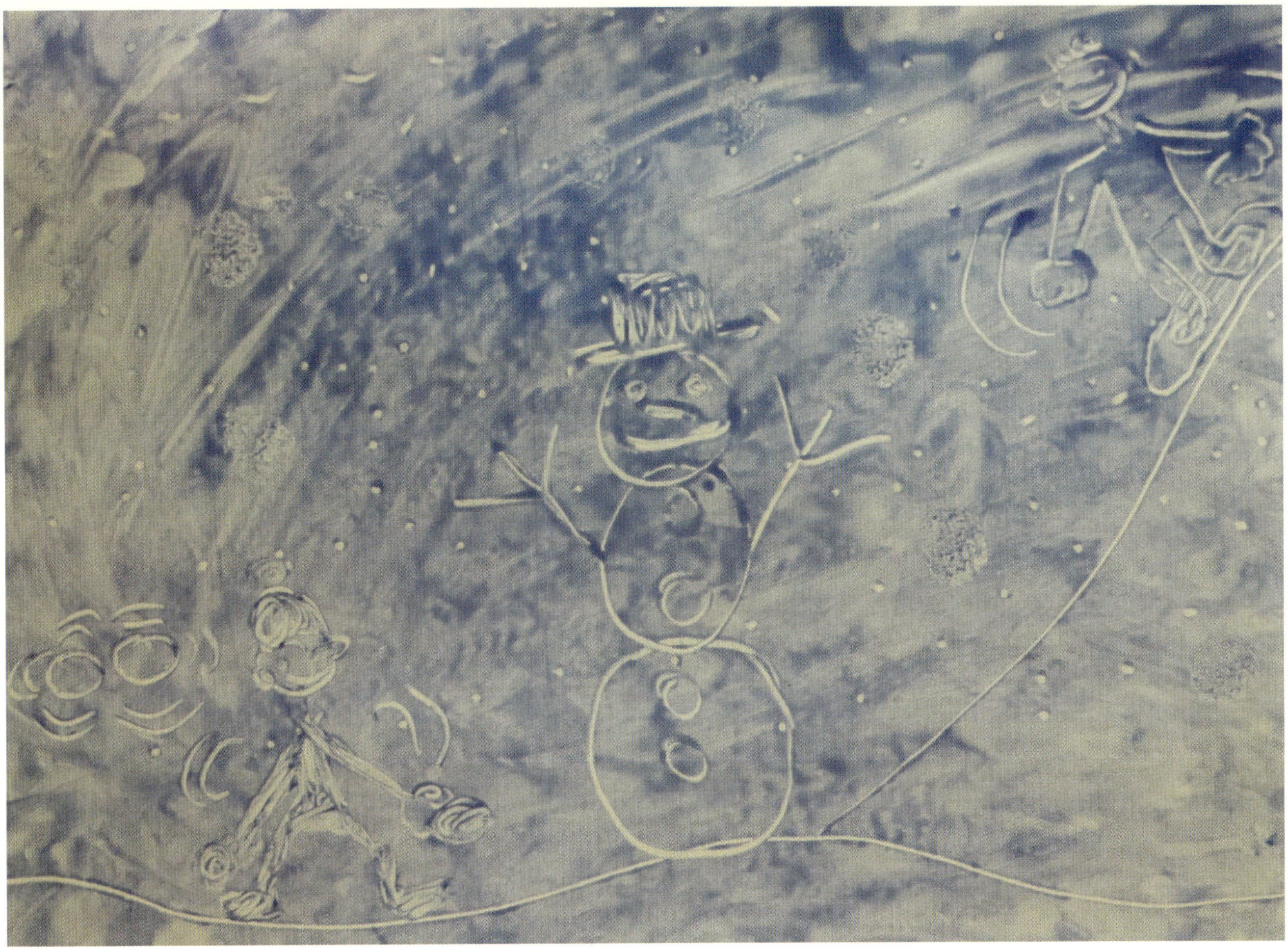

Extra-Tipp „Schneemänner“

Da bei der Kleisterfarbe häufig Kleister übrig bleibt, bietet es sich an, Schneemänner aus Plastikflaschen zu gestalten. Die einzelnen Arbeitsschritte in Kurzform:

- Eine PET-Flasche (0,5 l oder auch 1,5 l) wird mit Kleister bestrichen und danach zunächst mit Zeitungspapierschnipseln beklebt, in einer weiteren Schicht dann mit weißem Papier.
- Als Kopf wird entweder eine Kugel aus Pappmaschee auf dem Flaschenhals befestigt oder eine Styroporkugel (Bastelbedarf).
- Nach dem Trocknen kann der Schneemann noch mit Leichtstrukturpaste betupft werden, wodurch er eine schneeähnliche Struktur erhält.
- Als Hut wird ein Korken mit blauer oder schwarzer Acrylfarbe bemalt, eine Hutkrempe aus Tonpapier ausgeschnitten und alles mit etwas Heißkleber auf dem Kopf befestigt.
- Zuletzt werden noch Gesicht und Knöpfe mit schwarzer Acrylfarbe aufgemalt und aus einem Stoffrest ein Schal um den Hals gebunden.

Mehr dazu erfahren Sie im Folgeband „Kunstunterricht im Jahreskreis – 2. Schuljahr“ (BN 07668).

Leuchtende Faschingsmasken

1 Unterrichtsstunde – Einzelarbeit – Abklatschtechnik

Kompetenzen

Die Schüler
- kennen das Verfahren der Abklatschtechnik und können dieses anwenden, um eine eigene Faschingsmaske herzustellen.
- verbessern ihre Feinmotorik durch das Ausschneiden der Maske und das Anknoten des Bandes.
- erkennen die unterschiedlichen Wirkungen von Masken.

Material

- Tonkarton, verschiedene Farben
- DIN-A4-Papier, weiß
- Wasserfarben
- Borstenpinsel, mittlere Breite
- Bleistift
- Schere
- Locher
- Schablonen (Kopiervorlage)
- Gummiband, je Kind ca. 20 cm
- evtl. verschiedene Dinge zum Verzieren, z. B. Federn, Schmucksteine

Einstieg

Von Faschingsverkleidungen der Kinder erzählen lassen.

Vorbereitung der Gestaltung

- Abdecken des Platzes, Bereitlegen der Materialien.
  Demonstrieren der Abklatschtechnik durch einen Schüler im Stehkreis, gegebenenfalls Korrektur durch den Lehrer.

Explorationsphase

Abklatschtechnik auf einem Blatt ausprobieren. Gelungene Ergebnisse präsentieren und Arbeitsschritte genau besprechen (s. unten).

Gestaltungsphase

- Jeder Schüler gestaltet ein DIN-A4-Blatt mit der Abklatschtechnik. Dazu wird das Blatt im Querformat zunächst in der Mitte gefaltet und wieder aufgeklappt, sodass die Faltlinie in der Mitte als Hilfslinie zu sehen ist.
- Nun werden die Wasserfarben mit dem Borstenpinsel angerührt und auf der einen Seite des Blattes bis zur Mittellinie aufgetragen. Hierbei können die Schüler ihrer Kreativität freien Lauf lassen. Danach wird die leere Seite auf die bemalte Seite gedrückt und mehrmals mit der Hand festgedrückt.
  Wichtig ist dabei, dass die Farben sehr gut angerührt und zügig aufgetragen werden, damit beim Abklatsch auch noch genügend Farbe für die andere Seite übrig ist.
- Falls das Ergebnis noch nicht gefällt, kann der Vorgang auf einem neuen Blatt wiederholt werden.

- Während das Papier trocknet, wird mithilfe der äußeren, größeren Schablone aus dem Tonkarton eine erste Maske ausgeschnitten.
- Nach dem Trocknen wird mit der inneren, kleineren Schablone aus dem bemalten Papier eine zweite Maske ausgeschnitten, die dann so auf die erste Maske aufgeklebt wird, dass ein farbiger Rand zu sehen ist.
- Nun wird mit einem Locher rechts und links jeweils ein Loch gestanzt.
- Durch beide Löcher wird dann Gummiband gezogen und festgeknotet. Dabei sollte die jeweilige Länge idealerweise dem Kopfumfang des Kindes angepasst werden.

Differenzierung

Vor allem beim Anbringen des Gummibandes können Schwierigkeiten auftreten, weshalb es sinnvoll ist, dies in Partnerarbeit durchführen zu lassen.
Schnelle Schüler können für Kinder, die noch beim Abklatsch sind, Masken aus Tonkarton ausschneiden. Auch beim Ausschneiden der Augenlöcher ist gegenseitige Hilfe wichtig und eine gute Möglichkeit für soziales Lernen.

Tipps / Alternativen

Die Masken können noch weiter individuell verziert werden. Dazu eignen sich Schmucksteine, bunte Federn oder Glitzerfolie.
Natürlich können die Masken auch als Fensterschmuck (s. Foto) genutzt werden. Dazu kann auf der Rückseite noch ein zweiter Abklatsch aufgeklebt werden, sodass die Masken von innen und außen schön wirken.

Frühlingserwachen

2 Unterrichtsstunden – Einzel-/Gemeinschaftsarbeit – Farbiges Gestalten

Kompetenzen

Die Schüler
- gestalten individuelle Blumen mit Zuckerkreide.
- betrachten verschiedene Darstellungen von Blumen moderner Künstler/das Bild „the blob grows in the flower pot“ von Friedensreich Hundertwasser.

Material

- schwarzes Tonpapier, DIN A3, 1x pro Gruppe
- schwarzes Tonpapier, DIN A5, in Klassenstärke
- weißes Papier
- Zuckerkreide (s. Tipps)
- Schere
- Kleber

Einstieg

Betrachten verschiedener Blumendarstellungen moderner Künstler, z. B. van Gogh, Monet, Hundertwasser. Besonderes Augenmerk auf die stilisierte Darstellung bei Hundertwasser legen. Daraus **Zielangabe** ableiten: Wir malen eine Vase mit Blumen.

Vorbereitung der Gestaltung

- Auf jedem Gruppentisch ein Schälchen mit Zuckerkreide (und Zuckerwasser) verteilen, darauf achten, dass jede Farbe mindestens zweimal vorhanden ist. Unbedingt Malkittel/-schürze anziehen.
- Besprechen möglicher Gestaltungsvarianten, Skizzen an der Tafel von Schülern zeichnen lassen, die einfachste Gestaltungsvariante auswählen: Mehrere farbige Kreise ergeben eine Blüte.

Explorationsphase

Das Malen mit Zuckerkreide auf weißem Papier ausprobieren, Tipps an Mitschüler weitergeben, eventuelle Probleme besprechen.

Gestaltungsphase

- Zunächst malt jeder Schüler eine Blüte, indem er mit Zuckerkreide auf dem schwarzen Tonpapier (DIN A5) Kreise umeinandermalt. Jeder Kreis wird in einer anderen Farbe gemalt.
- Während die Blumen trocknen, wird in der Gruppe gemeinsam eine Vase gestaltet. Dazu wird auf dem schwarzen DIN-A3-Tonpapier mit Zuckerkreide die Form einer Vase gezeichnet, die dann mit verschiedenen Mustern und Farben individuell kreiert werden kann.
- Nach dem Trocknen schneidet jeder seine Blüte aus. Alle Blumen der Gruppe werden über der Vase aufgeklebt, als ob sie in der Vase stehen würde. Ebenfalls mit Zuckerkreide werden zuletzt noch Stiele dazugemalt.

Differenzierung

Schnelle Gruppen können eine Karte mit ähnlichem Motiv anfertigen. Dafür malt jeder Schüler auf schwarzem DIN-A6-Tonpapier eine Minivase mit Blumen. Dieses Bild kann dann auf die Vorderseite einer Doppelkarte geklebt werden.

Tipps/Alternativen

Um Zuckerkreide herzustellen, benötigt man normale Farbtafelkreiden, am besten dicke, sowie Zuckerwasser. Dazu wird 1 Liter Wasser mit etwa 200–300 g Zucker verrührt. In dieses Wasser werden die Kreiden mindestens einen Tag vor dem benötigten Zeitpunkt eingelegt. Es ist sinnvoll, die Farben farblich zu trennen und in verschiedene Gefäße einzulegen. Damit sich die Kreiden ordentlich vollsaugen können, müssen sie gut mit Zuckerwasser bedeckt sein.

Das Thema kann natürlich auch nur in Einzel- oder Partnerarbeit angefertigt werden. Entscheidet man sich für Einzelarbeit, dann genügt auch ein DIN-A4-Tonpapier, auf das zuerst die Vase gemalt wird, anschließend dann direkt darüber die Blumen. So spart man sich den Arbeitsschritt des Schneidens und Klebens.

Wenn das Bild von Hundertwasser explizit betrachtet wurde, kann nun noch der Künstlersteckbrief gemeinsam ausgefüllt werden.

Ostereier XXL

2 Unterrichtsstunden – Einzelarbeit – Räumliches Gestalten

Kompetenzen

Die Schüler
- können Vertrauen in ihr eigenes schöpferisches Schaffen entwickeln, indem sie ein plastisches Osterei anfertigen und individuell gestalten.
- erlernen die Gestaltungstechnik des Modellierens mit Papier und Kleister.

Material

- Luftballons in Klassenstärke
- Kleister (nach Packungsangabe angerührt)
- Zeitungspapier
- weißes Papier
- Trinkgläser oder Plastikbecher in Klassenstärke
- Wasserfarben
- Pinsel

Einstieg

Vorerfahrungen zum Thema „Ostereier färben" im Unterrichtsgespräch thematisieren, daraus **Zielangabe** ableiten: Wir stellen Ostereier in der Größe XXL her.

Vorbereitung der Gestaltung

Gruppentische stellen, Tische gut abdecken, angerührten Kleister in flachen Plastikgefäßen auf den Tischen verteilen, Luftballons auf ca. 10–15 cm Durchmesser aufpusten und zuknoten, Zeitung und weißes Papier in kleinere Stücke reißen (ein Durchmesser von ca. 5 cm hat sich als sinnvoll erwiesen).

Explorationsphase

Das Bekleben des Luftballons ausprobieren, anschließend die einzelnen Arbeitsschritte sowie mögliche Schwierigkeiten besprechen.

Gestaltungsphase

Jeder Schüler bestreicht seinen Luftballon zunächst mit etwas Kleister (am besten geht das mit der flachen Hand) und beklebt ihn danach komplett mit kleinen Stücken Zeitungspapier. Damit das Papier nicht nur an der Hand, sondern auch am Luftballon kleben bleibt, tippt man einfach mit der kleisterfeuchten Hand auf ein Stück Zeitung, klebt es auf den eingestrichenen Luftballon und streicht es glatt. Wichtig ist, dass der Knoten des Luftballons und ein kleiner Kreis um diesen herum frei bleiben.

Wenn der Ballon ringsum mit Zeitung bedeckt ist, wird noch eine Lage aus weißen Papierstücken daraufgeklebt. Es sollten am Ende insgesamt mindestens zwei Lagen Zeitung und eine Lage Papier auf dem Ballon sein.

- Nun muss der Ballon, je nach Luftfeuchtigkeit im Klassenzimmer, ein bis drei Tage trocknen. Dazu wird er mit dem Knoten nach unten in ein Trinkglas (oder einen Plastikbecher) und auf die Fensterbank gestellt.
- Nachdem der Luftballon vollständig getrocknet ist, kann der Knoten abgeschnitten und der Rest des Ballons herausgezogen werden.
- Das Ei wird nun mit Wasserfarben individuell bemalt.
  Die so entstandenen XXL-Ostereier schmücken mit etwas Ostergras die Fensterbänke des Klassenzimmers.

Differenzierung

Die Kinder, die beim Bekleben des Ballons Schwierigkeiten haben, können diese Arbeit in Partnerarbeit durchführen. Einer hält, der andere beklebt.

Tipps/Alternativen

Damit die letzte Papierschicht auch gut hält und keine Löcher entstehen, muss das weiße Papier wirklich gut feucht aufgetragen und eventuell noch einmal mit Kleister bestrichen werden. Außerdem muss darauf geachtet werden, dass keine Lücke bleibt. Nur so entsteht ein stabiles Ei.
Die Papierschnipsel können auch im Vorfeld vom Lehrer mit einer Schneidemaschine geschnitten werden. Das spart Zeit.

Bunte Murmel-Ostereier

2 Unterrichtsstunden – Einzel- und Partnerarbeit – Murmeltechnik

Kompetenzen

Die Schüler
- erlernen die Murmeltechnik als eine Zufallstechnik des Kunstunterrichts bzw. vertiefen ihre Fertigkeiten im Umgang mit dieser Technik.
- erfahren, wie lustvoll der Umgang mit Farbe sein kann.

Material

- Deckel von Schuhkartons (DIN A4 oder größer)
- Acryl- oder Plakafarben
- Din A4 Papier, weiß
- Murmeln, mind. halbe Klassenstärke
- Tonpapier, hellblau, DIN A4, Klassenstärke
- Tonpapier, hellgrün, DIN A5, Klassenstärke
- Schere
- Kleber

Einstieg

Im Stehkreis Murmel und Farbe zeigen, dabei die Vorerfahrungen der Schüler zur Murmeltechnik in Erfahrung bringen.

Vorbereitung der Gestaltung

Tische abdecken, Kartondeckel und Papier bereitlegen. Acrylfarben unbedingt in kleineren Gefäßen auf den Tischen verteilen, sodass die Schüler sich selbst Farbe nehmen können. (Steht die Farbe nur an einem Platz, bildet sich schnell eine lange Schlange und es kommt Unruhe auf.)

Explorationsphase

Murmeltechnik gemeinsam mit dem Partner auf einem DIN-A4-Papier mit nur einer Farbe ausprobieren. Kurze Besprechung der Erkenntnisse.

Gestaltungsphase

Jeder Schüler fertigt mittels der Murmeltechnik ein DIN-A4-Blatt an, aus dem er später ein Osterei schneidet. Dazu wird das leere Blatt in den Kartondeckel gelegt und mit **maximal** drei verschiedenen Farben an mehreren Stellen betupft.

Nun kommt die Murmel ins Spiel: Diese wird auf das Blatt gelegt und gemeinsam mit dem Partner durch Hin- und Her- sowie leichtes Hoch- und Runterbewegen des Deckels ins Rollen gebracht. Dabei zieht sie eine Farbspur hinter sich her. Dies wird so lange gemacht, bis das Ergebnis gefällt oder bis das Blatt komplett mit Farbe bedeckt ist. Danach wird das Blatt zum Trocknen gelegt. Nun ist das Blatt des Partners an der Reihe.

Während die Murmelbilder trocknen, wird aus grünem Tonpapier Gras ausgeschnitten.

Nach dem Trocknen wird mithilfe einer Schablone ein Osterei aus dem bunten Papier ausgeschnitten und auf ein hellblaues Tonpapier (Hochformat) etwa mittig aufgeklebt. Im unteren Bereich wird das bereits fertige Gras so angebracht, dass das Ei leicht von diesem überdeckt wird.

Differenzierung

Kinder, die Schwierigkeiten beim Ausschneiden des Grases haben, können sich die Halme leicht mit Bleistift vorzeichnen. Schnelle können aus den Reststücken des bunten Papieres kleinere Ostereier ausschneiden und auf ihr Bild kleben.

Tipps/Alternativen

Aus den Reststücken lassen sich kleine Ostereier für Osterkarten ausschneiden, die ähnlich wie beim großen Bild auf einen hellblauen Hintergrund aufgeklebt und hinter etwas grünem Gras versteckt werden. Dieses kleine Osterbild wird dann auf eine Doppelkarte aufgeklebt. Statt mit normalem Papier kann man die Murmelbilder auch mit Transparentpapier anfertigen. Dann können Ostereier und Blütenkelche für die Fenster ausgeschnitten und mit grünem Tonpapier als Gras, Stängel und Blätter aufgeklebt werden.

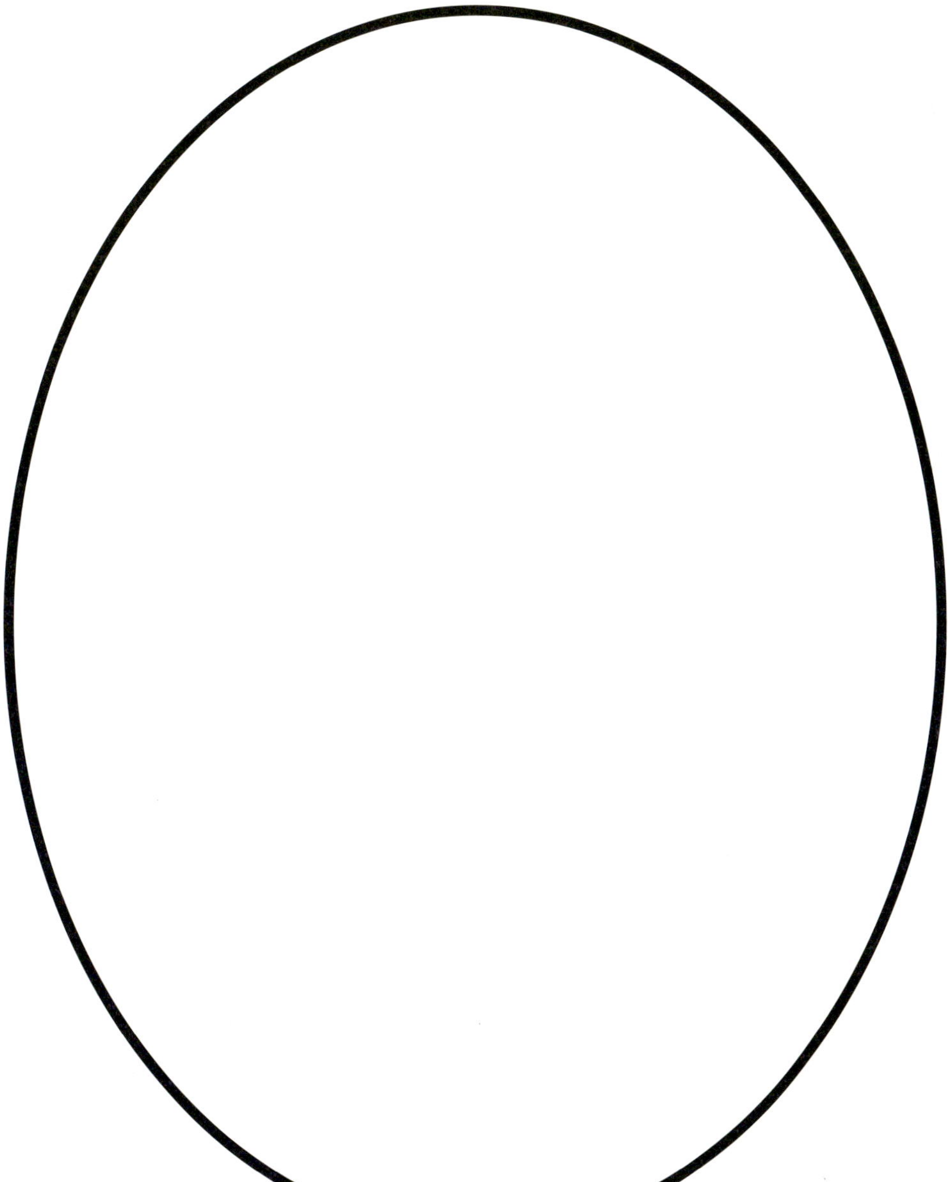

Frische Blumen – fix gemacht

1 Unterrichtsstunde – Einzelarbeit – Schneiden – Upcycling

Kompetenzen

Die Schüler
- betrachten Blüten als ästhetisches Naturphänomen und lassen sich dadurch zu eigenen, kreativen Gestaltungsmöglichkeiten anregen.
- verbessern ihre Feinmotorik durch das Ausschneiden und Kleben.

Material

- Motivkarton(-Reste) in Rot- und Gelbtönen
- Tonpapierreste in verschiedenen Farben
- Kopiervorlage
- verschiedene Acrylfarben
- Borstenpinsel
- Schere
- Kleber
- Verpackungschips, Plastikschraubverschlüsse, Ü-Ei-Hälften, Bucheckern, …
- Heißklebepistole

Einstieg

Verschiedene Blütenformen betrachten und beschreiben (entweder real oder auf Bildern). Daraus **Zielangabe** ableiten: Wir basteln heute Blüten für unser Klassenzimmer.

Vorbereitung der Gestaltung

Platz abdecken, Borstenpinsel bereitlegen.

Explorationsphase

Tonpapier- und Motivkartonstücke miteinander zu einem harmonischen Farbbild anordnen, sich für eine Variante entscheiden.

Gestaltungsphase

Jeder Schüler schneidet aus dem einfarbigen Tonpapier den größeren und aus dem Motivkarton den kleineren Kreis aus. In diese werden dann entsprechend der Kopiervorlage kleine Keile etwa 1 cm weit hineingeschnitten (s. Skizze).
Schließlich werden die zwei Kreise aufeinandergeklebt, sodass der größere Kreis hinter dem kleineren klebt. Jetzt können die entstandenen Blütenblätter noch leicht nach oben gebogen werden.

Zuletzt erhält jede Blüte in der Mitte einen Hingucker. Dazu werden beispielsweise ein halbierter Verpackungschip, ein Plastikschraubdeckel oder eine Ü-Ei-Hälfte mit Heißkleber in die Mitte geklebt und evtl. mit Acrylfarbe bemalt.

Die so entstandenen Blumen zieren entweder einen Baum im Klassenzimmer (beispielsweise den Weihnachtsbaum von Seite 42) oder können mit einem kleinen

Klecks Heißkleber am Fenster befestigt werden. Dieser lässt sich mit einem Spritzer Wasser oder Fensterreiniger leicht wieder vom Fenster lösen.

Differenzierung

Die Kopiervorlage ist insofern differenziert, als dass es eine leichtere Version (oben) und eine anspruchsvollere Version gibt.
Die Blüten können von Schülern, die etwas langsamer arbeiten, auch in Partnerarbeit angefertigt werden. Schnelle hingegen basteln mehrere Blüten bzw. helfen beim Aufhängen/Befestigen der Blüten.

Tipps/Alternativen

Statt des Motivkartons kann man auch komplett mit normalem Tonpapier arbeiten.
In die Mitte der Blüten können die unterschiedlichsten Dinge geklebt werden, zum Beispiel: flache Holzscheiben, halbe Styroporkugeln, Perlen, Knöpfe, ein zusammengeknülltes Krepppapierstück etc.
Natürlich können, sollen und dürfen die Schüler auch eigene Blütenkreationen entwickeln und erschaffen. Ein reichhaltiges Materialangebot kann sie dabei unterstützen.

Riesenrad beim Frühlingsfest

2 Unterrichtsstunden – Gruppenarbeit – Farbiges Gestalten und Materialcollage

Kompetenzen

Die Schüler
- entwickeln Bildideen aus ihrer Erlebniswelt und setzen sie mit unterschiedlichen Zeichen- und Gestaltungsmitteln um.
- können einen Hintergrund lasierend gestalten.
- zeichnen ein Selbstporträt.

Material

- Tonkarton, weiß, Größe ca. 50 cm hoch, 60 cm breit
- Kartonreste (wenn möglich relativ dünn, also leicht zu schneiden)
- Wasserfarben, Schwämmchen, evtl. dünner Pinsel
- DIN-A4-Papier, weiß
- Buntstifte
- Schere, Flüssigkleber
- Tapetenstücke in versch. Farben
- Musterklammern (5 Stück pro Riesenrad)
- Locher

Einstieg

Gespräch über Frühlingsfest, Fahrgeschäfte
Daraus abgeleitet **Zielangabe:** Wir gestalten ein Riesenrad.

Vorbereitung der Gestaltung

Gespräch: „So sieht ein Riesenrad aus“: Benennen der einzelnen Teile und möglichen Gestaltungselemente. Lehrer ergänzt und zeigt das jeweilige Material.
Aufteilung der Klasse in vier arbeitsteilige Gruppen (siehe unten Gruppe 1–4).
Aus diesen vier Gruppen entstehen dann später vier neue Gruppen, die jeweils ein Riesenrad gemeinsam gestalten.

Gestaltungsphase I

Gruppe 1
Alle Kinder dieser Gruppe gestalten jeweils auf einem Tonkarton den Hintergrund mit Wasserfarben. Im oberen Bereich wird ein helles Blau lasierend aufgetragen, im unteren Bereich ein helles Grün.
Schnelle malen mit dünnem Pinsel bunte Luftballons in den Himmel neben dem Riesenrad.

Gruppe 2
Jedes Kind dieser Gruppe schneidet mithilfe der Schablone (Kopiervorlage 1) das Gestell des Riesenrades aus Tapetenresten aus. Schnelle suchen Tapetenreste aus, die sie für die weitere Gestaltung benötigen.

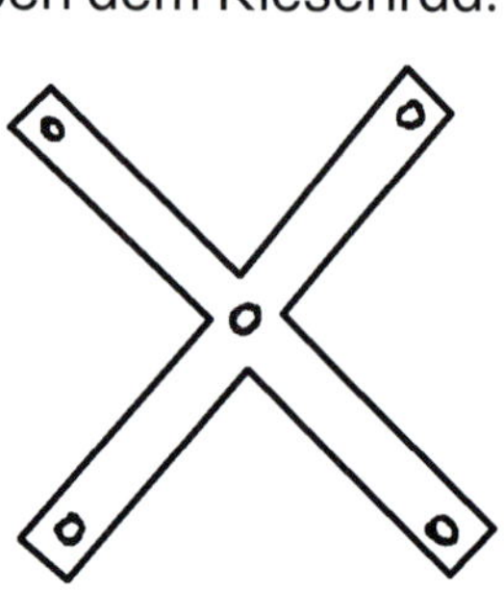

Gruppe 3
Jeder Schüler schneidet mithilfe der Schablone (Kopiervorlage 2) den Stern des Riesenrades aus Kartonresten aus. Danach stanzt er mit dem Locher ein Loch in das äußere Ende eines jeden Zackens.

Gruppe 4
Jedes Kind schneidet vier komplette Körbe mit Dach aus Papier aus (Kopiervorlage 3).

Gestaltungsphase II

Nun werden neue Gruppen gebildet. Aus jeder bisherigen Gruppe kommt ein Kind mit seinem angefertigten Material. In jeder Gruppe befinden sich dann also ein Hintergrund, ein Gestell, ein Stern und 4 Körbe. Jetzt wird nach gemeinsamer Absprache der Stern mit Tapetenstreifen beklebt.

Jeder Schüler beklebt sein Dach mit individuell ausgewählten Tapetenstücken, die Körbe der Gruppe werden mit dem gleichen Tapetenstück beklebt. Dazu werden die Schablonen für Dach und Korb (Kopiervorlage 4) benutzt.

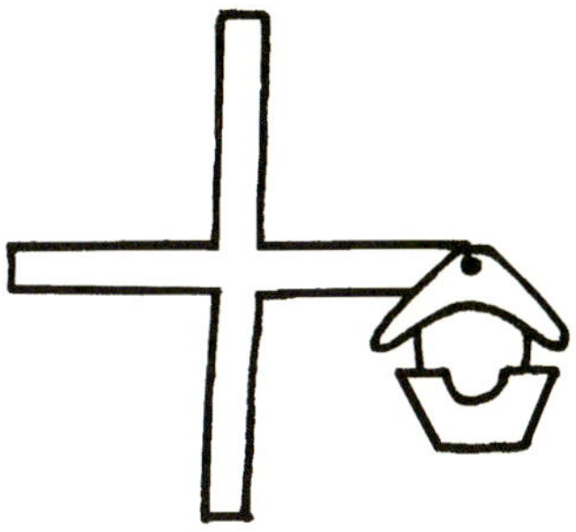

In das weiße Feld malt sich jeder Schüler selbst mit Buntstiften hinein. Nun wird zunächst jeder Korb mit einer Musterklammer an jeweils einem Zacken des Sterns befestigt. Danach wird der Stern mit einer Musterklammer in der Mitte des Gestells so am Hintergrund befestigt, dass er sich drehen kann.

Differenzierung/Tipps/Alternativen

Falls die Klasse erfahrungsgemäß eher langsam arbeitet, kann der Hintergrund auch einfach aus hellblauem Tonkarton gewählt werden. Die Luftballons könnten dann auch von schnellen Schülern aus Tapetenresten ausgeschnitten und aufgeklebt werden.
In die Gondeln können statt der Selbstporträts auch die Lieblingsstars/Fußballidole/Lieblingszeichentrickfiguren etc. der Kinder geklebt werden.

Kopiervorlage 1

Kopiervorlage 2
(mit Faktor 150 % vergrößern)

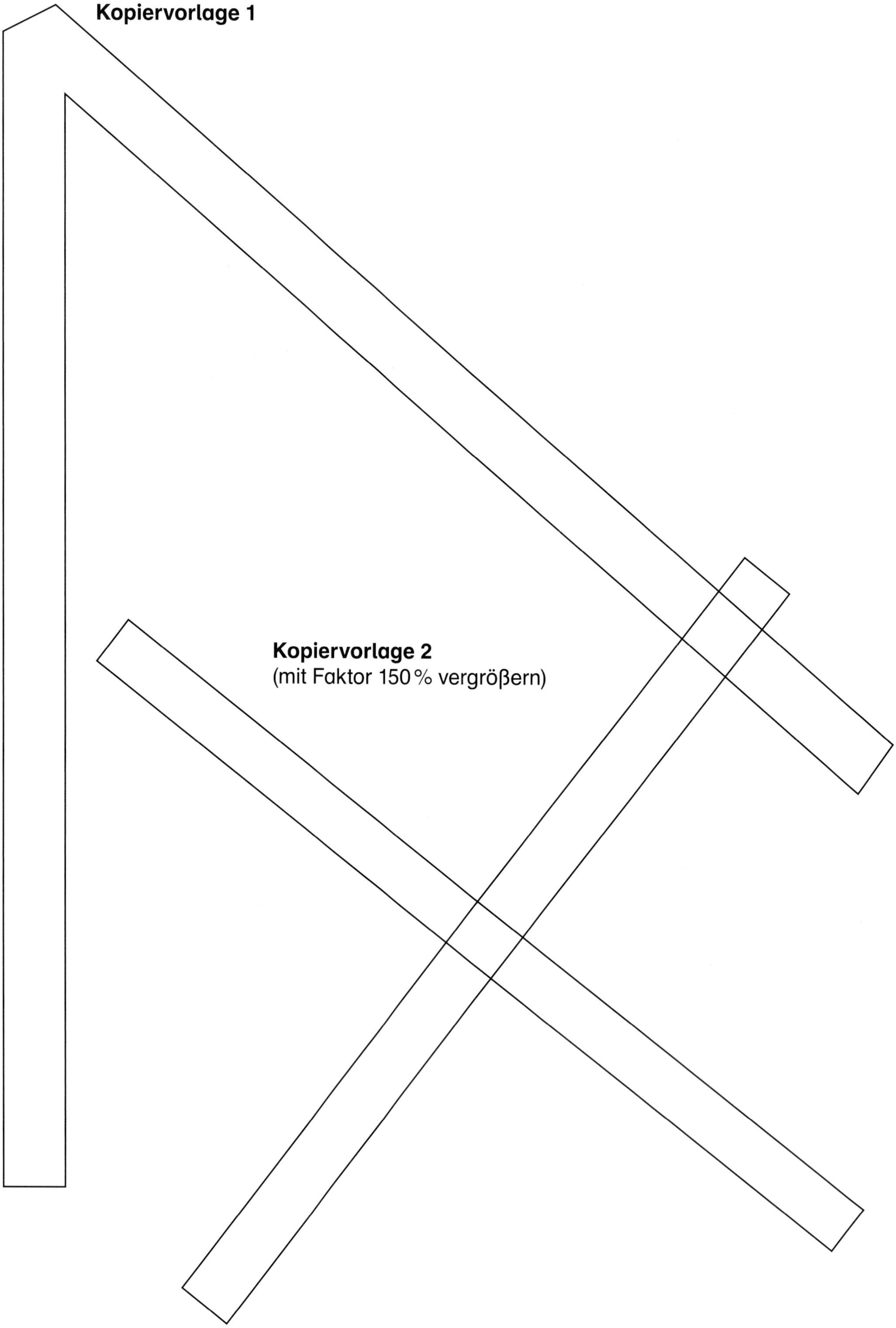

Kopiervorlage 3

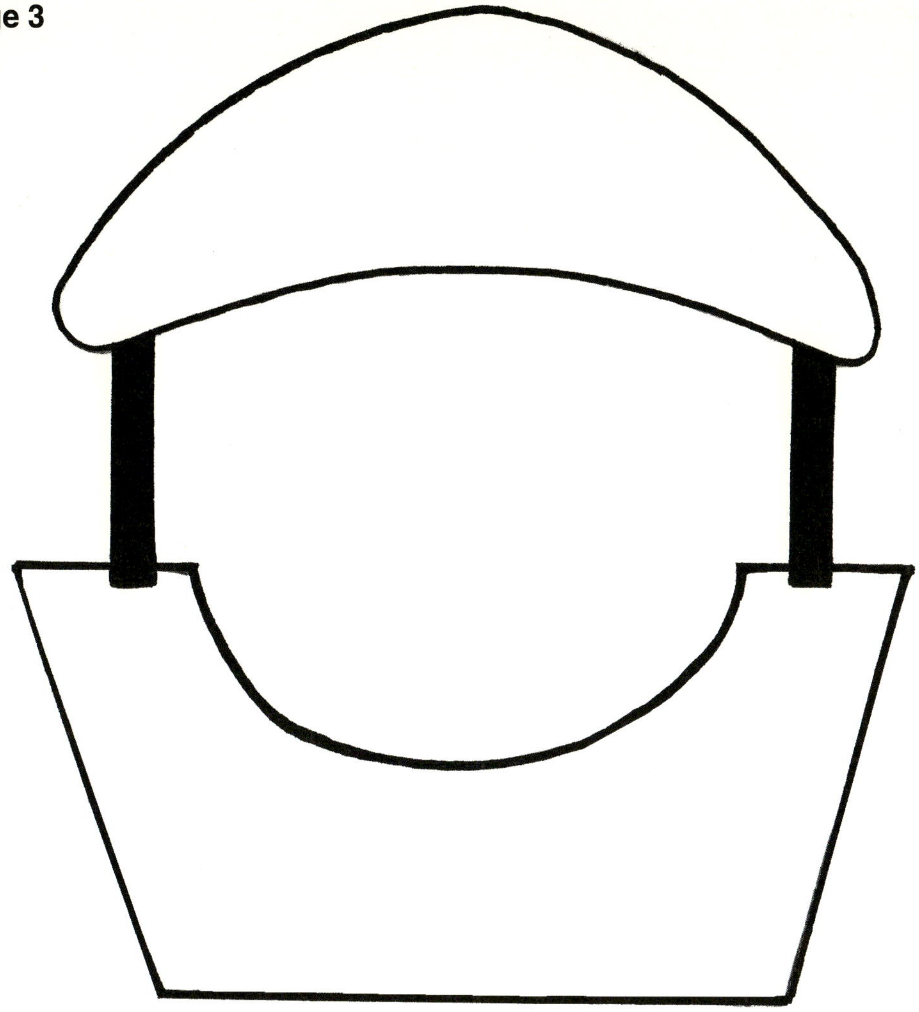

Kopiervorlage 4

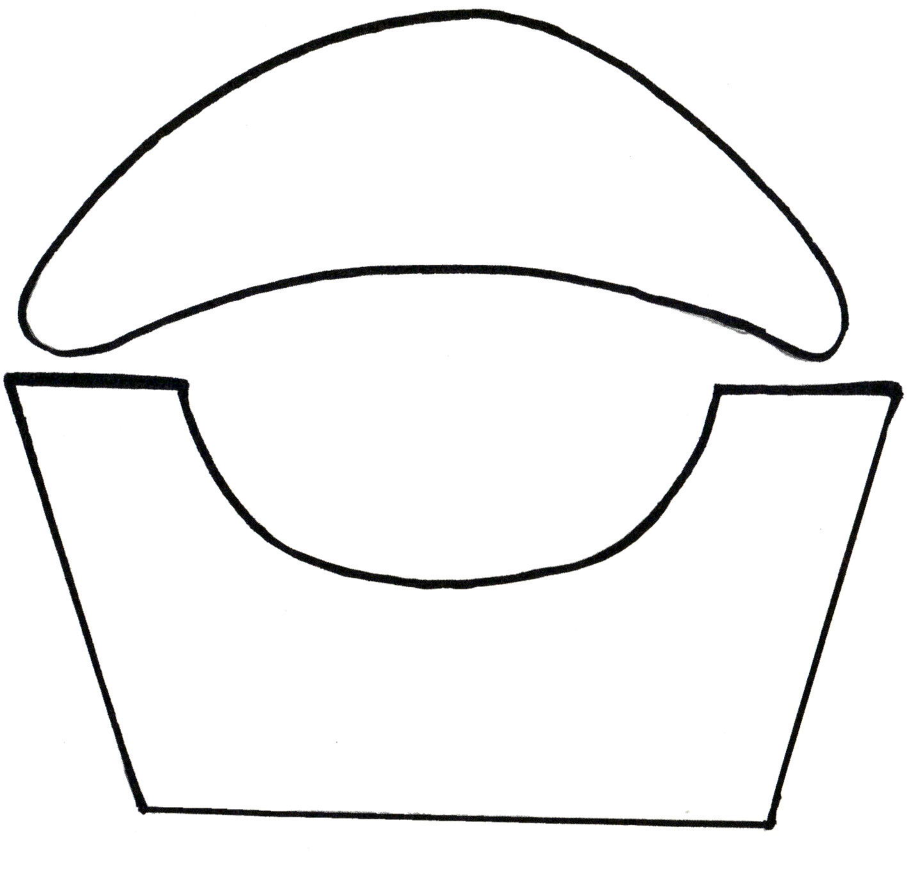

Perlende Muttertagskarten

1–2 Unterrichtsstunden – Einzelarbeit – Reserviertechnik

Kompetenzen

Die Schüler
- wenden ihre Kenntnisse der Reserviertechnik zur Gestaltung einer Muttertagskarte an.
- verbessern ihre Feinmotorik durch das Formen von Draht sowie das Auffädeln von Perlen.

Material

- Doppelkarten, cremefarben oder weiß, in Klassenstärke
- DIN-A6-Blätter, weiß, mind. in Klassenstärke
- Wasserfarben
- Pinsel, mittlere Breite
- weiße Wachsreste
- Drahtstück, goldfarben, dünn, ca. 30 cm lang, in Klassenstärke
- bunte Perlen, mit Glitzereffekt
- Klebefilm, Schere

Einstieg

Muttertagsgedichte vortragen, Ideen für Kartenmotive zum Muttertag sammeln.

Vorbereitung der Gestaltung

Platz abdecken, Wasserfarben bereitstellen, Wachsstücke austeilen. An der Tafel kurz die Arbeitsschritte skizzieren und erläutern (s. Skizzen).

Explorationsphase

Auf den kleinen weißen Blättern das Aufmalen der Herzen mit Wachs und das Übermalen mit Wasserfarbe üben, danach Tipps (z. B. leichtes Schräghalten des Blattes zum besseren Erkennen der bereits gezeichneten Konturen) an die Mitschüler weitergeben.

Gestaltungsphase

Zunächst zeichnet jeder Schüler mit einem Stück weißen Wachs' ein Herz auf die Vorderseite der Doppelkarte. Dabei sollte möglichst fest aufgedrückt und die Kontur mehrfach umfahren bzw. das Innere mehrfach ausgemalt werden. Die Kinder können individuell entscheiden, ob sie nur die Kontur aufzeichnen oder ein ausgefülltes Herz anfertigen.

Danach wird die komplette Vorderseite mit Wasserfarbe in Rot oder Magenta übermalt.

Während die Karte trocknet, fädelt jeder Schüler auf ein Drahtstück so viele Perlen auf, bis an beiden Drahtenden noch etwa 2 cm frei sind.

Nun wird aus dem Draht ein Herz geformt. Dazu werden beide Enden zuerst gut miteinander verzwirbelt und anschließend mit etwas Druck die Herzform herausgearbeitet (siehe Skizze).

Nachdem die Karte getrocknet ist, wird mit einer spitzen Schere vorsichtig ein Loch zwischen den beiden Herzbögen eingestochen, durch welches dann die verzwirbelten Drahtenden geführt und auf der Innenseite der Karte mit Klebefilm befestigt werden. Auf der Vorderseite wird das Herz nun noch einmal etwas zurechtgebogen und schon ist die Muttertagskarte fertig.

Differenzierung

Statt die Karte mit einem kompletten Perlenherz zu verzieren, können Schüler, die langsamer arbeiten, ein Schmuckblatt in die Karte einlegen und dieses mit einem Band befestigen. Dafür nehmen sie ein schmales Satinband, knoten zwei Perlen daran fest und binden es wie ein Buchzeichen an der Kartenmitte fest.
Schnelle Schüler helfen anderen Kindern besonders beim Herstellen der Drahtherzen.

Tipps/Alternativen

Für jedes Herz werden etwa 30 Perlen benötigt. Um die Klebestelle an der Innenseite zu überdecken, wird ein Muttertagsgedicht in Schönschrift auf ein DIN-A6-Blatt geschrieben und eingeklebt. Daneben bleibt Platz für eine persönliche Widmung.
Statt das Herz direkt auf die Karte zu malen, kann es auch zunächst auf ein DIN-A6-Blatt mit Wachs gemalt und anschließend mit Wasserfarbe übermalt werden. Dieses Blatt wird nach dem vollständigen Trocknen mit einer Konturenschere schön zurechtgeschnitten und auf die Vorderseite der Karte geklebt. Bei dieser Variante kann man auch sehr gut auf das Drahtherz verzichten.

Filigrane Schmetterlinge am Blütenzweig

2 Unterrichtsstunden – Einzelarbeit – Farbiges Gestalten

Kompetenzen

Die Schüler können
- einen Hintergrund lasierend gestalten.
- Schmetterlinge selbst gestalten oder farbig ausmalen.
- Blütenformen möglichst kleinformatig mit Wasserfarben malen.

Material

- DIN-A3-Papier, weiß (Malblock)
- DIN-A5-Papier, weiß, in Klassenstärke
- Wasserfarben
- Schwämmchen oder breiter Pinsel
- Schmaler Haarpinsel
- Buntstifte
- Schere
- Flüssigkleber

Einstieg

Frühlingsgedicht vortragen lassen, daraus **Zielangabe** ableiten.

Vorbereitung der Gestaltung

Platz abdecken, Wasserfarben bereitstellen.

Explorationsphase

Aufgabenstellung: Blütenformen frei mit Wasserfarben auf DIN-A5-Blatt malen. Danach gemeinsam betrachten, gute Beispiele hervorheben.
Technik besprechen: Haarpinsel (schmal) so in die Farbe tauchen, dass keine Härchen abstehen, kleine, vorsichtige Pinselstriche. Zuerst mit Deckweiß malen, dann mit Rot oder Rosa in der Mitte kleinere Striche einzeichnen.

Gestaltungsphase

Jeder Schüler lasiert den Hintergrund mit Schwämmchen und hellblauer Wasserfarbe.

Während dieser trocknet, malt jedes Kind mindestens einen Schmetterling mit Buntstiften auf ein extra Blatt (besser 2–3 Stück).

Wenn der Hintergrund getrocknet ist, wird mit dem Haarpinsel ein Zweig quer über das Blatt (Achtung: Querformat) mit brauner Wasserfarbe gemalt, dieser bekommt im nächsten Arbeitsschritt ebenfalls mit Wasserfarbe hellgrüne Blätter.

Der Zweig muss bzw. sollte jetzt wiederum trocknen, damit ein Vermischen des Zweiges mit den Blüten vermieden wird. In der Zwischenzeit können die Schmetterlinge ausgeschnitten werden.

Als Nächstes werden Blüten mit Deckweiß und roter bzw. rosa Wasserfarbe und schmalem Haarpinsel an mehreren Stellen des Zweiges aufgemalt.

Zum Schluss werden die ausgeschnittenen Schmetterlinge mit einem kleinen Klecks Flüssigkleber nur am Körper befestigt. Hier können die Kinder entscheiden, ob sie um den Zweig herumfliegen oder auf dem Zweig sitzen sollen. Die Flügel können noch etwas vom Blatt weggebogen werden, sodass ein dreidimensionaler Effekt entsteht.

Differenzierung/Tipps/Alternativen

Für Schüler, die sich beim Zeichnen der Schmetterlinge schwer tun, kann die Kopiervorlage eine große Hilfe sein, die sie nur noch anmalen müssen.

Kopiervorlage

Klatschmohn-Blüten

2 Unterrichtsstunden – Gemeinschaftsarbeit – Farbiges Gestalten

Kompetenzen

Die Schüler
- können mit Wasserfarben einen Hintergrund lasierend gestalten.
- können die Nass-in-Nass-Technik anwenden, um Klatschmohn-Blüten anzufertigen, wobei Zufall und der Plan der Gestaltenden zusammenspielen.
- kennen die Form und das Aussehen von Klatschmohn.

Material

- Wasserfarben
- Schwämmchen
- DIN-A4-Papier, weiß, je 2 x pro Schüler
- Schwämmchen
- Haarpinsel mittlerer Breite
- dünner Haarpinsel
- Tonkarton, weiß oder beigefarben, min. DIN A2

Einstieg

Klatschmohn-Blüten (real oder auf Bildern) betrachten oder evtl. auch Aquarell von Emil Nolde als Gesprächsanlass.
Zielangabe: Wir malen heute Klatschmohn mit Wasserfarben.

Vorbereitung der Gestaltung

Nass-in-Nass-Technik erklären und Möglichkeiten gemeinsam erarbeiten, Klatschmohnblüten in Nass-in-Nass-Technik zu malen.

Besprechen der einzelnen Arbeitsschritte zum Gestalten der Blüten:
1) DIN-A4-Blatt, quer, mit Wasser anfeuchten (mit Schwämmchen oder Hand);
2) jeweils 4–5 rote Tupfen im Kreis nebeneinander direkt aufs Blatt tupfen, anschließend sofort einen schwarzen Tupfen in die Mitte setzen → ergibt eine Mohnblüte, das Ganze wiederholen, sodass zwei bis drei Blüten entstehen.

Explorationsphase

Auf einem DIN-A4-Blatt die Nass-in-Nass-Technik ausprobieren.
Daran erinnern, zuerst das Papier anzufeuchten und die Farbe sehr nass anzurühren!

Gestaltungsphase I

Jeder Schüler gestaltet gemäß Nr. 1 und 2 der Arbeitsschritte (s. oben) mindestens zwei Mohnblüten. Wer damit fertig ist, legt sein Blatt zum Trocknen und beteiligt sich an der Gestaltung des Hintergrunds.

Für den Hintergrund wird der große Tonkarton im Querformat mit einem Schwämmchen lasierend bemalt, im oberen Bereich hellblau, im unteren Bereich hellgrün.

Gestaltungsphase II

- Mit einem dünnen Pinsel und hellgrüner Wasserfarbe zeichnet jeder Schüler nun auf dem vorbereiteten Hintergrund einen grünen Stiel für eine seiner Blüten. Dieser sollte vom unteren Bildrand bis etwa zur Mitte bzw. in die obere Hälfte des Bildes reichen.
- Die getrockneten Mohnblüten werden als Nächstes vorsichtig ausgeschnitten, wobei möglichst kein weißer Rand stehen bleiben soll.
- Zum Schluss werden die Blüten ans obere Ende der Stiele geklebt.

Differenzierung

Schnelle Schüler gestalten, wie bereits oben erwähnt, den Hintergrund. Außerdem können sie mehr Blüten malen sowie anderen Kindern beim Ausschneiden helfen.
Schwächere Schüler können entweder
- die Kopiervorlage „Klatschmohn“ mit Buntstiften oder Wasserfarben anmalen oder
- aus Katalogen (Gartencenter o. Ä.) oder Kalendern Mohnblüten ausschneiden und diese aufkleben.

Tipps/Alternativen

Beim Ausschneiden der Blüten unbedingt darauf achten, dass das Papier gut getrocknet ist, andernfalls reißt es leicht beim Schneiden.
Auch lassen sich die Mohnblüten leichter aufkleben, wenn sowohl die Blüten als auch der Hintergrund trocken sind. Am besten Malen und Kleben auf zwei unterschiedliche Unterrichtsstunden oder die große Pause dazwischenlegen.

Zu Emil Nolde kann der Künstlersteckbrief ausgefüllt werden.

Dieses Thema kann auch als Einzelarbeit angefertigt werden.
Dazu gestaltet jeder Schüler zunächst einen Hintergrund auf DIN A3 im Hochformat. Als Nächstes entstehen wie oben beschrieben die Mohnblüten.
Bevor sie ausgeschnitten werden, werden die Stiele auf den Hintergrund gemalt, auf welche dann die Blüten aufgeklebt werden. Hierfür sollte jeder Schüler mindestens drei Blüten anfertigen.

Einzelarbeit

Kopiervorlage

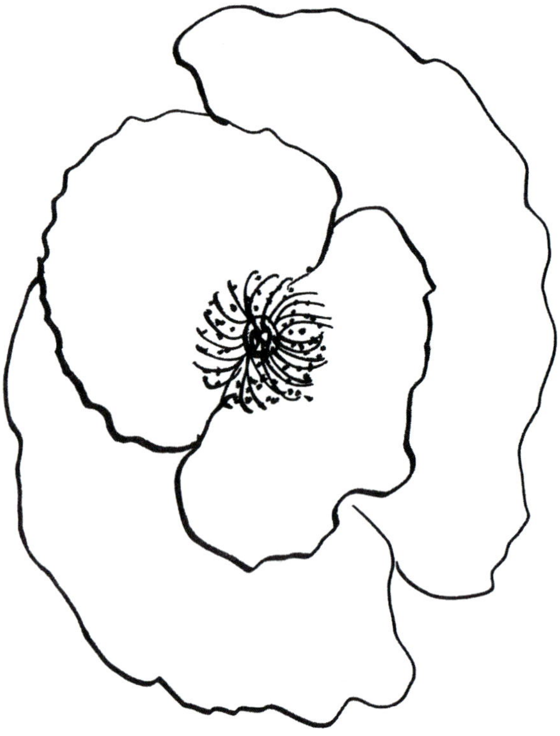

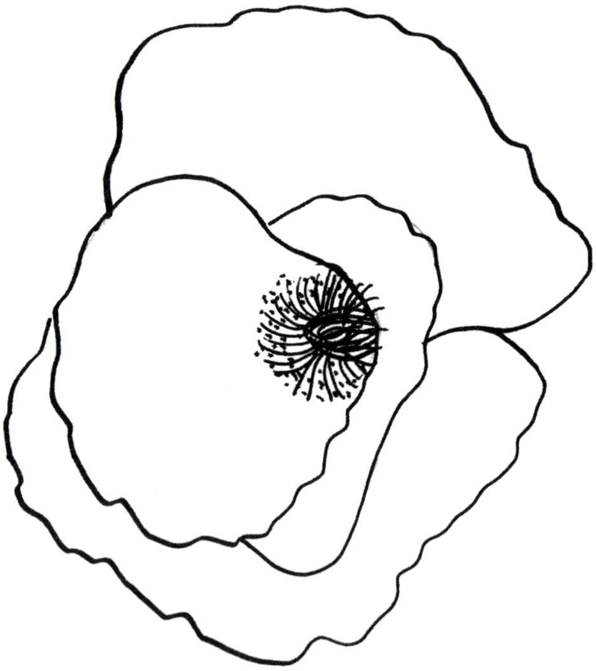

Erdbeeren im Dreiklang

2 Unterrichtsstunden – Einzelarbeit – Fotografieren und Farbiges Gestalten

Kompetenzen

Die Schüler können
- eine Erdbeere möglichst realistisch mit Wasserfarben malen.
- ihre Fähigkeiten im Umgang mit einer Digitalkamera verbessern und nutzen die gestalterischen Möglichkeiten dieses Mediums.
- Erdbeeren individuell arrangieren und fotografieren.

Material

- Erdbeeren (mindestens eine Erdbeere pro Kind)
- Digitalkamera (mindestens eine, besser mehrere)
- Tonkarton, DIN A6, weiß, doppelte Klassenstärke
- Wasserfarben
- Haarpinsel, eher schmal
- Tonpapier, grün, jeweils ca. 50 x 15 cm pro Kind

Einstieg

Rätsel zum Thema „Lieblings-Sommerfrüchte", daraus abgeleitet die **Zielangabe:** Wir malen und fotografieren Erdbeeren.

Vorbereitung der Gestaltung

- Genaues Betrachten einer Erdbeere und genaues Besprechen, wie man Erdbeeren möglichst realistisch malen kann: Dreiecksform, unten abgerundet, Nüsschen, Stiel und Blätter erst nach dem Trocknen dazumalen, um ein Vermischen der Farben zu vermeiden.
- Schüler an Tafel Beispiele mit Kreide zeichnen lassen.
- Gemeinsames Besprechen und Aufzeigen der folgenden Funktionen der Digitalkamera: Auslöser, Zoom, Wiedergabetaste, Löschen

Gestaltungsphase

- Jedes Kind legt eine Erdbeere vor sich auf den Tisch und malt diese möglichst realistisch mit Wasserfarben mittig auf das DIN-A6-Papier. Dazu wird zunächst die dreieckige Form der Erdbeere mit Rot gemalt.
  Nach kurzer Trocknungszeit werden mit hellgrüner Wasserfarbe der Stiel, die Blätter und die Nüsschen (die Samen) dazugemalt.
- In großen Klassen malt jedes Kind insgesamt zwei Wasserfarbbilder (In kleinen Klasse reicht ein Bild, s. S. 82).
- Währenddessen kommen nach und nach alle Kinder an einen Extratisch. Dort liegen einige Erdbeeren bereit.
  Jeder Schüler kann nun ganz individuell die Erdbeeren so arrangieren, wie es ihm gefällt. Dies fotografiert das Kind dann selbst. Dabei wendet es sein erworbenes Wissen in Bezug auf das Zoomen, Auslösen, Wiedergeben und eventuell Löschen der Fotos an.

Wenn die Fotos entwickelt sind, werden die 3 Bilder so auf ein grünes Tonpapier aufgeklebt, dass sich das Foto in der Mitte befindet, die beiden Wasserfarbbilder rechts und links davon.

Differenzierung

In einer kleineren Gruppe kann man den Kindern auch die Möglichkeit geben, mehrere Bilder zu machen, aus denen sie dann zwei (direkt nach dem Fotografieren) auswählen.

In größeren Klassen dauert das erfahrungsgemäß zu lange. Hier ist es sinnvoller, wenn jedes Kind zwei Wasserfarbbilder gestaltet. Das Foto wird dann in der Mitte platziert, die beiden Wasserfarbbilder rechts und links davon.
Die Bilder der Abbildung entstanden in einer Kunst-AG mit weniger Schülern, weshalb ich die Variante mit zwei Fotos gewählt hatte.

Tipps/Alternativen

Eventuell können noch eine kleine Glasschale, ein grünes Chiffontuch sowie ein weißes Tuch zu den Erdbeeren gelegt werden, sodass die Kinder die Erdbeere(n) mit verschiedenen Materialien arrangieren können.

Um die Fotos nach dem Entwickeln (Ausdrucken) wieder richtig den Kindern zuordnen zu können, macht es Sinn, die Kinder entsprechend ihrer alphabetischen Reihenfolge zum Fototisch kommen zu lassen.

Burg und Sonne

2–3 Unterrichtsstunden – Gemeinschaftsarbeit – Farbiges Gestalten und Papiercollage

Kompetenzen

Die Schüler
- verbessern sich im Umgang mit Schere und Kleber.
- ordnen unterschiedliche geometrische Formen zu einem Ganzen an und erkennen, dass viele kleine Dinge zusammen ein eindrucksvolles Kunstwerk ergeben können.
- erweitern bei der Betrachtung des Bildes „Burg und Sonne" von Paul Klee ihre ästhetische Kompetenz.

Material

- je 1x Tonkarton DIN A3 (weiß oder ein sehr helles Beige) pro Gruppe
- je 1x DIN-A3-Papier, weiß, pro Gruppe
- Kopiervorlage auf Tonpapier kopiert (pro Gruppe jeweils 1 x rot, gelb, orange, braun, dunkelgrün, blau)
- Schere
- Kleber
- Wachsmalkreiden (rot, gelb, orange)

Einstieg

Unterrichtsgespräch zum Thema „Sonnenuntergang im Sommer" oder evtl. Betrachtung eines kleinen Ausschnitts aus Klees Werk, daraus abgeleitet die **Zielangabe:** Wir wollen heute in Gruppen ein Bild mit einer Burg vor einem Sonnenuntergang gestalten.

Vorbereitung der Gestaltung

- UG zum Thema: Was macht eine Burg aus? Woran erkennt man eine Burg?
- Material (Papier, Tonpapier, Schere, Wachsmalkreide) und mögliche Gestaltungsvarianten benennen.
- Erklären und Fixieren der Aufgaben der einzelnen Gruppenmitglieder an der Tafel (s. unten).
- Einteilung der Gruppen (3–4 Schüler) und ggf. Stellen der Gruppentische.

Gestaltungsphase

- Die Schüler einigen sich in der Gruppe über die Aufgabenverteilung!
- Ein Schüler entwirft den Umriss der Burg mit Bleistift auf normalem DIN-A3-Papier (s. Tipps).
- Ein Schüler gestaltet den Hintergrund mit Wachsmalkreiden auf DIN-A3-Tonkarton (Querformat). Dazu wird in der oberen Hälfte zunächst eine Sonne mit Gelb gemalt, der Himmel danach mit Rot. Wichtig ist kräftiges Aufdrücken.
- Ein oder zwei Schüler schneiden aus den bedruckten Tonpapierbögen Dreiecke, Quadrate und Rechtecke aus.

- Sobald der Hintergrund und der Umriss der Burg fertig sind, schneiden alle Gruppenmitglieder Formen aus.
- Alle Schüler der Gruppe kleben dann gemeinsam bzw. in gemeinsamer Absprache die geometrischen Formen in den Umriss der Burg (dabei auf kleine Abstände zwischen den einzelnen Formen achten).
- Zum Schluss wird die Burg (ohne Bleistiftrand) ausgeschnitten und auf den vorbereiteten Hintergrund geklebt.

Betrachtungsphase

Gemeinsame Betrachtung und Beurteilung der entstandenen Werke sowie Betrachtung des Werkes von Paul Klee und Ausfüllen des Künstlersteckbriefes.

Differenzierung

Die Differenzierung ist vor allem durch die unterschiedlichen Aufgaben innerhalb der Gruppe gegeben. Weiterhin könnte man qualitativ differenzieren, indem man sehr starken Gruppen keine bedruckten Tonpapierbögen gibt, sondern sie selbst die Formen ausschneiden lässt. Dies ist allerdings anspruchsvoll.

Tipps/Alternativen

Damit die Sonne am Ende auch wirklich zu sehen ist und nicht (oder zumindest nicht komplett) von der Burg verdeckt wird, sollte die Sonne auch beim Zeichnen des Burgumrisses mit eingezeichnet werden und zwar an der Stelle, an der sie sich auch beim Hintergrund befindet.

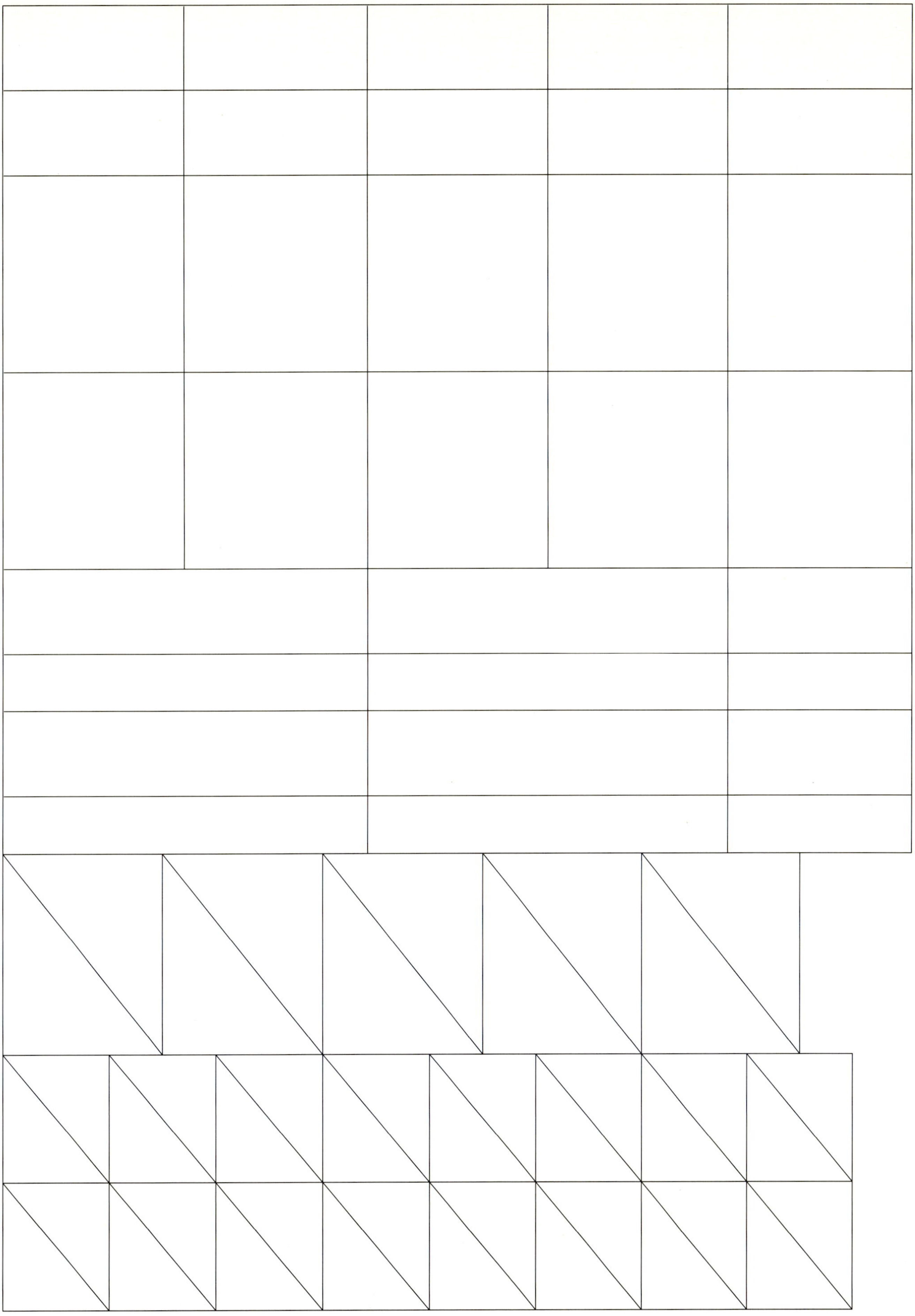

Urlaubserlebnisse am Meer & anderswo

2–3 Unterrichtsstunden – Einzelarbeit – Salztechnik/Drucken

Kompetenzen

Die Schüler
- können Wasserfarben lasierend auftragen.
- erfahren, wie Wasserfarben durch Salz verändert werden.
- erlernen einfache Drucktechniken, indem sie Druckschablonen selbst herstellen und mit diesen drucken.

Material

- DIN-A3-Papier (Malblock)
- Wasserfarben
- Schwämmchen
- schmaler Borstenpinsel
- Karton (z. B. Rückseite eines Malblocks)
- Bleistift
- Schere
- Salz (in kleinen Schälchen)
- selbstklebende Glitzerfolie
- Regenbogenton- oder Regenbogen-Transparentpapier
- Schablonen (Kopiervorlage)

Einstieg

Gespräch über Lieblingsurlaub oder den nächsten Urlaub, daraus abgeleitet die **Zielangabe:** Wir gestalten ein Bild zum Thema: Urlaub am Meer und anderswo

Explorationsphase

Klasse in 2 Gruppen teilen:
1. Hälfte erhält Aufgabe, mit Wasserfarben und Salz verschiedene Gestaltungsmöglichkeiten auszuprobieren.
2. Hälfte erhält Aufgabe, mit Karton, Schere und Wasserfarben Druckmöglichkeiten auszuprobieren.

Stehkreis: Ein Schüler demonstriert Salztechnik. – Ein Schüler demonstriert Drucktechnik. – Lehrer ergänzt gegebenenfalls. – Fragen und Probleme klären.

Vor der Gestaltungsphase entscheiden sich die Schüler für **ein** Thema und gestalten dieses dann. Besprechen der Arbeitsschritte, dazu Skizze zu jedem Thema an der Tafel anbringen, damit die Bildaufteilung klar ist (s. auf S. 88 Vorschlag für Tafelbild).

Gestaltungsphase (Thema Meer)

Himmel: Das DIN-A3-Blatt wird im Querformat im oberen Drittel mit Wasserfarben und Schwämmchen hellblau lasierend gestaltet.

Strand: Das untere Drittel wird gelb-beige lasierend mit Wasserfarbe und Schwämmchen bemalt. Die **nasse** Farbe wird sofort mit Salz bestreut und zum Trocknen gelegt (Salz in kleinen Schälchen auf mehreren Tischen anbieten).

Meer: Jeder Schüler malt Wellenformen auf Karton mit Bleistift und schneidet ein oder zwei Formen aus (breitere Formen bevorzugen!). Diese Druckvorlagen werden mit Blau- und Grüntönen (Wasserfarben, schmaler Borstenpinsel) angemalt und zwischen Strand und Himmel so lange gedruckt (mit Überschneidungen!), bis das Ergebnis gefällt.

Delfin: Schnelle Schüler erstellen mit Bleistift und Karton selbst eine Delfin-Schablone, die sie dann auf die Rückseite der Glitzerfolie legen, aufzeichnen, ausschneiden und auf das getrocknete Meer kleben. Langsamere Schüler oder Schüler, denen das Zeichnen schwerfällt, erhalten eine vorbereitete Schablone (Kopiervorlage).

Differenzierung

Die Differenzierung ist vor allem durch das Gestalten des Delfins gegeben.
Schnelle Schüler können zusätzliche Elemente (z. B. Wellen) nach eigenen Ideen mit Glitzerfolie aufkleben.

Gestaltungsphase (Thema Berge)

Himmel:
Das DIN-A3-Blatt wird im Hochformat im oberen Drittel mit Wasserfarben und Schwämmchen hellblau lasierend gestaltet.

Berge:
Jeder Schüler malt mit Bleistift Steinformen auf Karton und schneidet ein oder zwei Formen aus. Diese Druckvorlagen werden mit Brauntönen sowie Gold und Silber (Wasserfarben, schmaler Borstenpinsel) angemalt. Nun wird entweder ein großer Berg oder eine Bergkette im mittleren Bereich des Bildes (mit Überschneidungen!) gedruckt.

Wiese:
Als Nächstes werden Grasformen auf Karton mit Bleistift gezeichnet, wiederum ein oder zwei (am besten breitere) Formen ausgeschnitten, mit Grüntönen (Wasserfarben, schmaler Borstenpinsel) bemalt und der Rest des Bildes damit bedruckt.

Kuh:
Schnelle Schüler erstellen mit Bleistift und Karton selbst eine Kuhschablone, die sie dann auf die Rückseite der Glitzerfolie legen, aufzeichnen, ausschneiden und auf das getrocknete Gras kleben. Langsamere Schüler oder Schüler, denen das Zeichnen schwerfällt, erhalten eine vorbereitete Schablone (Kopiervorlage).

Differenzierung

Auch hier ist die Differenzierung vor allem durch das Gestalten der Kuh gegeben.
Schnelle können zusätzliche Elemente nach eigenen Ideen mit Glitzerfolie aufkleben.

Alternative (Thema Berge)

Paraglider: Schirm auf Karton zeichnen, ausschneiden, Schablone auf Regenbogenpapier legen, aufzeichnen, ausschneiden, aufkleben, mit Filzstift Seile und Segler dazumalen.

Gipfelkreuz: Kreuz auf Karton zeichnen, ausschneiden, Kreuzschablone auf Glitzerfolie legen, aufzeichnen, ausschneiden, aufkleben.

Betrachtungsphase

Gegenseitige Betrachtung der entstandenen Bilder und begründete Beurteilung der Bewertung.

Tipps/Alternativen

Bei der Salztechnik sollte die Farbe wirklich noch sehr nass sein, denn sonst haftet das Salz zum einen nicht so gut und zum anderen kann es dann auch kaum noch Wasser aufnehmen und der schöne Effekt kommt nicht zustande.
Beim Thema „Berge“ kann auch ein Bach vor den Bergen gedruckt werden und ebenfalls mit kleinen Elementen aus Glitzerfolie verziert werden. Dazu wird das Blatt dann besser im Querformat bemalt.
Beim Thema „Meer“ könnte auch ein kleines Boot, aus Zeitungspapier gefaltet, auf den Wellen des Meeres segeln.

Vorschlag für das Tafelbild

MEER (Querformat)	BERGE (Hochformat)
Himmel Wasserfarben, hellblau, lasierend	Himmel Wasserfarben, hellblau, lasierend
Meer (Blautöne) Wasserfarben, gedruckt mit Wellenformen aus Karton	Berg oder Bergkette (braun – gold – silber) Wasserfarben, gedruckt mit Steinformen aus Karton
Strand (gelb-beige) Wasserfarben mit Salz bestreut	Wiese (Grüntöne)

Hingucker: Delfin, Glitzerwellen — Paraglider, Gipfelkreuz, Kuh

Sommerliches Klangspiel

2 Unterrichtsstunden – Partner-/Gemeinschaftsarbeit – Materialcollage

Kompetenzen

Die Schüler
- können verschiedene Materialien ästhetisch ansprechend anordnen.
- gestalten Holzstücke individuell mit Acrylfarben.

Material

- Treibholzstücke
- Muscheln (mit Loch)
- evtl. Stücke einer Motivleiste aus Holz (im Beispiel eine Schmetterlingsleiste)
- 1 großer Ast
- Acrylfarben
- Borstenpinsel, verschiedene Stärken
- evtl. Glitzerpulver
- evtl. Plusterpen in versch. Farben
- kleine Behälter (z. B. Jogurtbecher zum Einfüllen der Farbe)

Einstieg

Fühlsäckchen, mit einzelnen Muscheln und Treibholzstücken gefüllt: blindes Ertasten und Benennen. **Zielangabe:** Wir gestalten ein Klangspiel mit Strandmaterial.

Vorbereitung der Gestaltung

- Materialien vor der Tafel auslegen, verschiedene Gestaltungsvarianten durch Legen ausprobieren, gemeinsam eine Gestaltungsvariante auswählen und als Skizze oder einfacher noch als Foto festhalten.
- Farben der einzelnen Treibholzstücke festlegen.
- Aufgaben besprechen und an die einzelnen Partnergruppen verteilen.
  Platz abdecken. Farbe in kleinen Behältern auf die Tische stellen.

Gestaltungsphase

- In Partnerarbeit bemalen die Schüler jeweils ein Treibholzstück mit Acrylfarbe. Dabei sollte im Vorfeld lediglich festgelegt werden, welche Farbe verwendet wird. Alles weitere (ob Muster oder Streifen oder uni) ist der Partnergruppe natürlich freigestellt.
  Falls vorhanden, werden auch die Stücke der Motivleiste ebenso bemalt.
- Die noch nasse Farbe kann dann beispielsweise an einigen Stellen mit Glitzer zusätzlich gestaltet werden.
  Zwischen den Farben (beispielsweise wenn der Ast gestreift wurde) oder aber auch auf der Farbe kann nun noch zusätzlich Plusterpen aufgetragen werden.
- Wenn in der ersten Unterrichtsstunde noch genug Zeit ist, können schnelle Partnergruppen jeweils ca. vier bis fünf Muscheln an einer Schnur befestigen.
- Nach dem Trocknen (etwa 4–5 Stunden danach) werden, falls Plusterpen eingesetzt wurde, die Plusterpen-Stellen geföhnt (evtl. vom Lehrer).

- In der nächsten Stunde werden die einzelnen Äste an Schnüren festgeknotet. Je nach Größe werden zwischen zwei und vier Ästen pro Schnur festgebunden.
- Falls noch nicht geschehen, werden auch die Muscheln an Schnüren befestigt.
- Zum Schluss können nun die einzelnen Schnüre am großen Ast festgebunden werden, der schließlich einen ganz besonderen Platz entweder im Klassenzimmer oder im Schulhaus erhält.

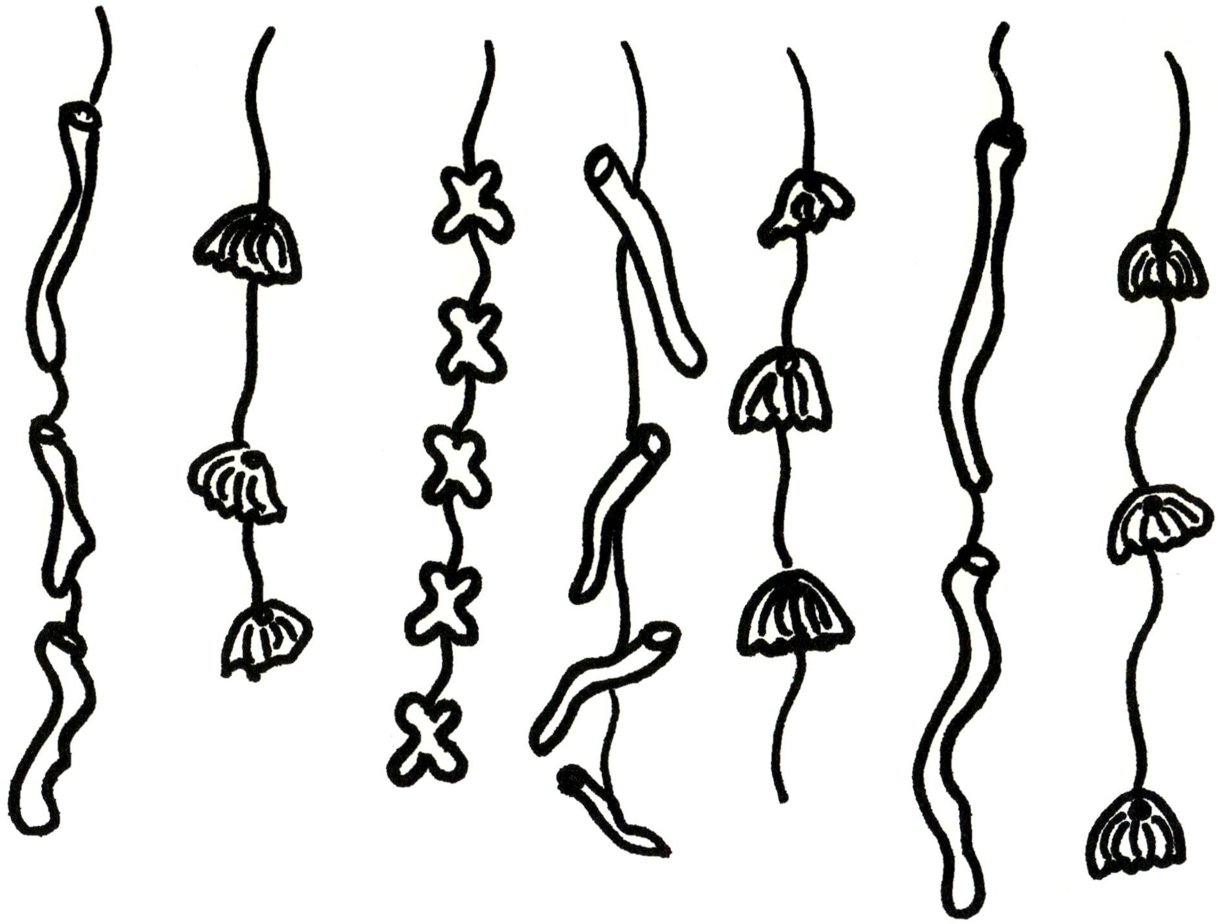

Differenzierung

Schnelle Partnergruppen gestalten, wie bereits oben erwähnt, weitere Holzstücke.
Eine qualitative Differenzierung erfolgt dadurch, dass die Schüler gemäß ihren Fähigkeiten ihre Holzstücke gestalten, also einfachere oder anspruchsvollere Gestaltungsvarianten wählen.

Tipps/Alternativen

Das Auftragen des Glitzerpulvers gelingt am besten, wenn es direkt auf die noch nasse Farbe aufgebracht wird, denn dann haftet es am besten.

Plusterpen muss einige Stunden trocknen, bevor die Farbe mit dem Föhn „aufgeplustert" wird und so dreidimensional erscheint.

Beim Anordnen der Einzelteile kann die Klasse gemeinsam entscheiden, in jeder Reihe nur eine Farbe anzuordnen oder die Farben bunt durcheinander zu mischen.

Falls keine Treibholzstücke vorhanden sind, können auch abgestorbene Äste aus dem Wald verwendet werden. Dazu einfach die Rinde entfernen und die Äste gegebenenfalls noch etwas trocknen lassen.

Vorarbeit

Die Muscheln sollten, falls sie noch kein natürliches Loch haben, mit einem Steinbohrer vorsichtig durchbohrt werden. Das geht relativ leicht: Man muss nur darauf achten, langsam zu bohren, so zerbricht die Muschel nicht so leicht.

Der ausgewählte Ast kann ebenfalls mit Löchern versehen werden. So können die Schnüre etwas leichter am Ast befestigt werden und verrutschen nicht. Es geht aber auch ohne vorgebohrte Löcher.

Lustige Wasserbälle

2 Unterrichtsstunden – Einzel- und Gemeinschaftsarbeit – Drucken

Kompetenzen

Die Schüler
- lernen den Fingerabdruck als einfache Drucktechnik kennen und gestalten individuelle Kreise.
- können ihre Kreativität beim Auftupfen der Farbe mit ihren Fingern ausleben.

Material

- DIN-A4-Papier, weiß, in Klassenstärke
- DIN-A5-Papier, weiß, in Klassenstärke
- Tonkarton in Blau (mind. DIN A3, besser DIN A2), ca. 2 Stück
- Bleistift
- Wasserfarben
- Borstenpinsel
- Luftpolsterfolie
- Kugelschreiber
- Kleber
- evtl. Tacker
- leere Dosen (groß)

Einstieg

Unterrichtsgespräch zum Thema „Schwimmbad und Spielmöglichkeiten" im Wasser, daraus **Zielangabe** ableiten: Wir gestalten gemeinsam ein Bild mit Wasserbällen.

Vorbereitung der Gestaltung

- Platz abdecken.
- Materialien zeigen und vermuten lassen, wie sie verwendet werden können.
  Stundenziel präzisieren: Wir wollen am Ende die Wasserbälle auf den blauen Karton aufkleben und im unteren Bereich soll von jedem Kind ein Handabdruck sein, als ob wir gerade mit den Bällen spielen würden.
- Arbeitsschritte besprechen und an Tafel skizzieren.

Explorationsphase

Fingerdruck auf DIN-A5-Papier ausprobieren.
Im Unterrichtsgespräch anschließend Tipps und mögliche Probleme besprechen.

Gestaltungsphase

- Zunächst zeichnet jeder Schüler mithilfe eines Bleistifts und einer leeren Dose einen Kreis auf das DIN-A4-Blatt.
- Wenn danach die einzelnen Wasserfarben mit dem Pinsel gut angerührt sind, bekommt der Kreis bunte Punkte. Dazu wird der Finger direkt in den Farbtopf gedrückt und anschließend auf das Papier. Dies wird mit verschiedenen Farben so lange wiederholt, bis das Ergebnis gefällt. Dabei sollte aufgepasst werden, dass die Farben nicht zu sehr ineinanderlaufen.

- Während der Kreis trocknet, malen die Schüler ihre eigene Hand mit Wasserfarben an und machen einen Handabdruck auf dem großen Tonkarton (Querformat) im unteren Bereich.
- Als Nächstes zeichnet jeder wieder mithilfe einer Dose und (am besten) Kugelschreiber einen Kreis auf die Luftpolsterfolie und schneidet ihn aus.
- Nun werden die bunten Kreis ausgeschnitten und mit dem Folienkreis beklebt. Meist reicht ein normaler Klebestift dafür aus. Eventuell muss die Folie an manchen Stellen mit dem Tacker zusätzlich befestigt werden.
- Die Wasserbälle werden zum Schluss im oberen Bereich des Tonkartons aufgeklebt.

Differenzierung

Die Kreise könnten als Kopiervorlage zur Verfügung gestellt werden, dadurch entfällt das Umfahren der Dose, was manchen Schülern etwas schwererfällt.
Schnelle können mehrere Wasserbälle gestalten bzw. langsameren Schülern beim Ausschneiden der verschiedenen Kreise helfen.
Außerdem könnte man im Vorfeld von Lehrerseite aus bereits Kreise auf die Luftpolsterfolie zeichnen, sodass die Schüler diese nur noch ausschneiden müssen, denn das Zeichnen auf der Folie ist etwas kniffelig.

Tipps / Alternativen

Statt mit Fingern können die Punkte auch sehr gut mit Korken aufgedruckt werden. Das Ergebnis ist auch sehr schön. Lediglich die Punkte sind beim Korkdruck meist größer als beim Fingerdruck.

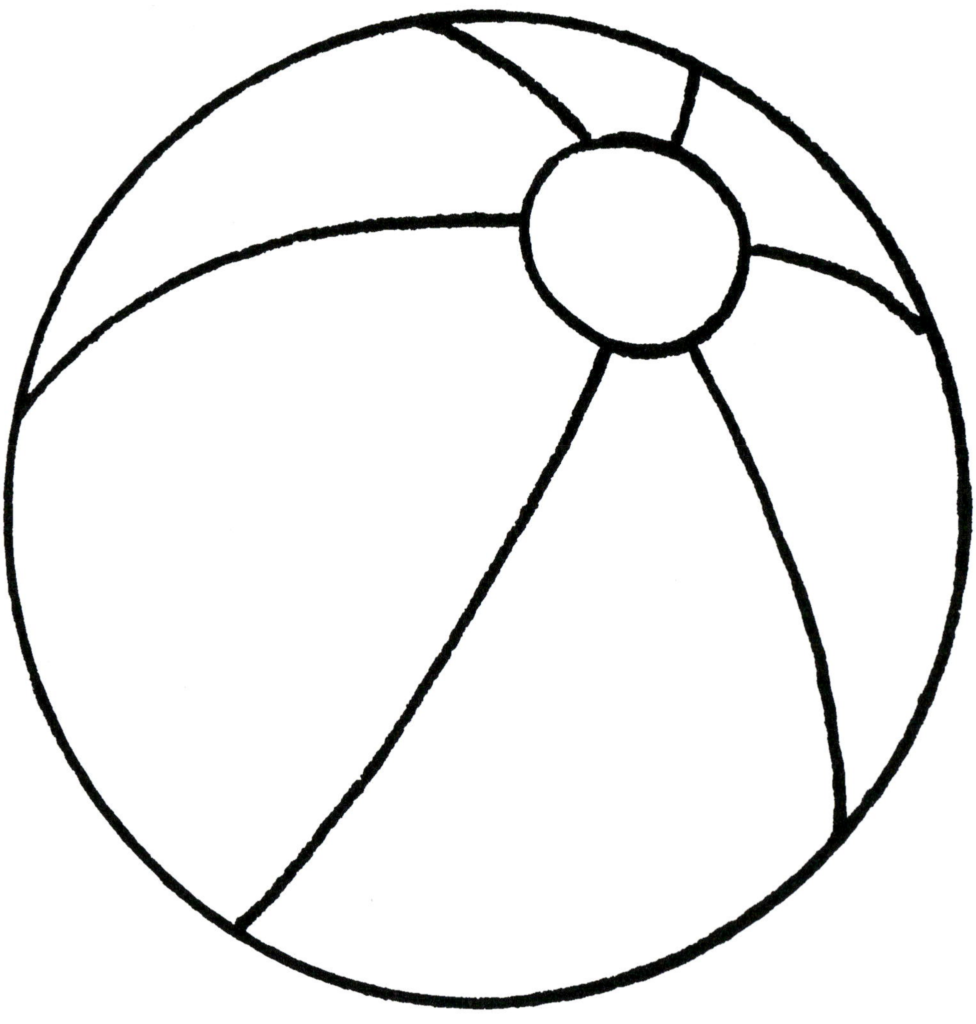

Unser aktueller Künstler

Name: ______________________________

geboren am: ________________ in: ___________________________

geboren am: ________________ in: ___________________________

Interessante Informationen über sein Leben und sein künstlerisches Schaffen:

Berühmte Werke: